Karin & André Niedostadek

# Glücksorte auf Föhr & Amrum

## Mit Pellworm & den Halligen

D

Dieses

# Glücksbuch

ist für

# Liebe Glücksuchende,

„Im Meer der Seele liegt die Insel Glückseligkeit" – so hat es die Lyrikerin Anke Maggauer-Kirsche einmal formuliert. Ein Satz, über den sich nachzudenken lohnt. Besonders, wenn man unterwegs ist. Und wo ginge das besser als auf Inseln selbst? So wie auf Föhr, Amrum und Pellworm (nicht zu vergessen natürlich auf den Halligen). 80 Orte versammelt dieser Band. Und sie alle versprechen, dem Geheimnis des Glücks ein bisschen auf die Spur zu kommen. Jeweils auf ganz eigene Art. Orte, die zum Träumen, zum Erleben, zum Ausprobieren, zum Genießen und zu allerlei sonstigen Glücksmomenten einladen. Neues erstmals, aber auch Bekanntes wieder neu entdecken, das könnte das Motto hier sein. Stets betrachtet aus dem besonderen Blickwinkel des Glücks. Wer sich davon inspirieren lässt, mag schließlich auch – ganz im Sinne des einleitenden Zitats – im Meer der Seele auf die ganz eigne Insel der Glückse(e)ligkeit stoßen. Viel Freude beim Entdecken wünschen

Karin & André Niedostadek

GLÜCK

# Deine Glücksorte ...


1 **Voller Vorfreude**
An der Schiffsreling ... 8

2 **Fest verankert**
Der Schiffsanker in Boldixum auf Föhr ... 10

3 **Auf die Faust**
Am Hafenstrand von Wittdün auf Amrum ... 12

4 **Am Rand des Suppentellers**
Auf dem Deich von Pellworm ... 14

5 **Retro, Plüsch & Popcorn**
Das Filmtheater in Wyk auf Föhr ... 16

6 **Einfach mal abhängen**
Die Hängematte im Kniepsand auf Amrum ... 18

7 **Geschichte mit Happy End**
Auf Hallig Südfall ... 20

8 **Klein Harrods**
Koopmann's. Das Inselkaufhaus auf Pellworm ... 22

9 **Zeitlos happy**
Die Sonnenuhr in Alkersum auf Föhr ... 24

10 **Traumwelt**
Die Vogelkoje auf Amrum ... 26

11 **Gern eine Kugel mehr**
Das Eiscafé Cappuccino in Nieblum auf Föhr ... 28

12 **Bunt gestreift**
Ein Regenbogen-Zebra auf Pellworm ... 30

13 **Gegen den Strom**
Die Godelniederung auf Föhr ... 32

14 **Ein ungleiches Paar**
Rosen und Lavendel in Nebel auf Amrum ... 34

15 **Hoch hinaus**
Eine Schaukel auf Hallig Hooge ... 36

16 **Von einem, der auszog ...**
Das „Macke Pudel" in Oevenum auf Föhr ... 38

17 **Einfach spitze**
Die Odde auf Amrum ... 40

18 **Schön im Gleichgewich**
Der Balancebalken in Nieblum auf Föhr ... 42

19 **Frische to go**
Ein Hofregal in Norddorf auf Amrum ... 44

20 **Neue Blickwinkel**
Kunst im Atlantis Hotel in Wyk auf Föhr ... 46

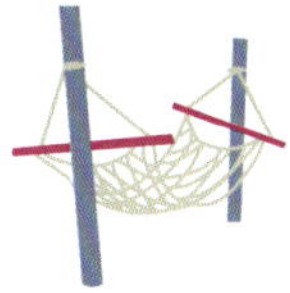


21 **Wolkenverhangen**
Das Waldhusener Tief auf Pellworm ..... 48

22 **Glückliche Entdecker**
Ein Wandrelief in Norddorf auf Amrum ..... 50

23 **Einfach herzlich**
Kühe in der Marsch von Föhr ..... 52

24 **Knorke, diese Knerken**
Auf Hallig Gröde-Appelland ..... 54

25 **Der Weg ist das Ziel**
Auf Bohlenwegen durch die Amrumer Dünen ..... 56

26 **Naschen erlaubt**
Im Snupkroom in Oevenum auf Föhr ..... 58

27 **Süßes im Vorbeigehen**
Marmeladenverkauf in Nebel auf Amrum ..... 60

28 **Zwischen den Türmen**
Die Püttenlandschaft von Pellworm ..... 62

29 **Ideen mit Steilvorlage**
Eine Kreativoase am Goting Kliff auf Föhr ..... 64

30 **Farbtupfer im Dünenmeer**
Der Campingplatz auf Amrum ..... 66

31 **Märchenhaft verwunschen**
Ein Drachenbrunnen in Wyk auf Föhr ..... 68

32 **Dorfidyll im Wattenmeer**
Auf Hallig Oland ..... 70

33 **Einen Gang runterschalten**
Unterwegs mit Paul und Paula auf Amrum ..... 72

34 **Glück aus der Tasse**
Friesisches Theehaus in Nieblum auf Föhr ..... 74

35 **Einfach himmlisch**
Die Himmelstreppe(n) auf Pellworm ..... 76

36 **Hundeglück**
Am Hundestrand in Utersum auf Föhr ..... 78

37 **„wein und meehr“**
Die Post in Nebel auf Amrum ..... 80

38 **Traumhaft**
Das Haus Redlefsen in Wyk auf Föhr ..... 82

39 **Aus Alt mach Neu!**
Im Wandelbar auf Pellworm ..... 84

40 **Wie gemalt**
Seerosen im Mühlenpark in Wyk auf Föhr ..... 86

# ... noch mehr Glück für dich


41 **Gänse und Nils Holgersson**
Salzwiesen auf Pellworm ............... 88

42 **Frisch gepult**
Das Steuerhaus No 1 auf Amrum ............... 90

43 **Augen auf!**
Bei Fietje und Antje in Midlum auf Föhr ............... 92

44 **Verstehe nur Bahnhof**
Der Lorenbahnhof auf Langeneß ............... 94

45 **It's magic!**
Der Bupheverkoog auf Pellworm ............... 96

46 **Schattenspiele**
Der Steg am Sandwall in Wyk auf Föhr ............... 98

47 **Radeln unterm grünen Dach**
Der Waldradweg auf Amrum ............... 100

48 **Aye, aye, Käpt'n!**
Das gemalte Haus auf Pellworm ............... 102

49 **Bunt zusammengewürfelt**
Die Strandkörbe in Utersum auf Föhr ............... 104

50 **Hallig mit Herz**
Auf Hallig Süderoog ............... 106

51 **Auf den zweiten Blick**
Ein Schiffsfenster in Oevenum auf Föhr ............... 108

52 **Zusammen glücklich**
Die Windmühle in Nebel auf Amrum ............... 110

53 **Romeo und Julia**
Das Storchengehege in Wyk auf Föhr ............... 112

54 **Farbenspiele**
Sonnenuntergang auf Pellworm ............... 114

55 **Eine Sandbank im Wandel**
Auf Norderoogsand ............... 116

56 **Rundherum glücklich**
Die Lembecksburg bei Borgsum auf Föhr ............... 118

57 **Funkelndes Glitzern**
Der Nationalpark Wattenmeer ............... 120

58 **Lauter Ruhe**
Kurpark am Haus des Gastes in Nebel auf Amrum ............... 122

59 **Spiegel der Seele**
Der Alte Hafen von Pellworm ............... 124

60 **Sagenhaft**
Auf den Spuren der Puks in Utersum auf Föhr ............... 126

61 **Gaumenglück**
Im Friesen-Café in Nebel auf Amrum ..... 128

62 **Hast du Töne?**
Der Windstein auf Hallig Hooge ..... 130

63 **Weihnachtsfeeling**
Der Weihnachtsmann in Wyk auf Föhr ..... 132

64 **Glück ist Ansichtssache**
Ein Glückssymbol auf Pellworm ..... 134

65 **Es summt und brummt**
Ein BlütenMeer nahe Süderende auf Föhr ..... 136

66 **Paradies aus Menschenhand**
Der Wriakhörnsee auf Amrum ..... 138

67 **Auf Schleichwegen**
Der Karkenstieg auf Pellworm ..... 140

68 **Perspektivenwechsel**
Wassersport am Südstrand von Wyk auf Föhr ..... 142

69 **Mystische Vielfalt**
Das Elfenland auf Pellworm ..... 144

70 **Kaiserlich glücklich**
Der Apfelpark in Wrixum auf Föhr ..... 146

71 **Hygge auf Friesisch**
Die 2te Heimat in Süddorf auf Amrum ..... 148

72 **Fliederblüte**
Auf Hallig Nordstrandischmoor ..... 150

73 **Im Wechsel der Gezeiten**
„Zum glücklichen Matthias" in Wyk auf Föhr ..... 152

74 **Schönheit mit Her(t)z**
Die Sonnenanbeterin in Wittdün auf Amrum ..... 154

75 **Hin da, statt Tinder!**
In der Liebesallee auf Pellworm ..... 156

76 **Glücksenergie**
Verteilerkasten bei Großdunsum auf Föhr ..... 158

77 **Route 66 auf Friesisch**
Unterwegs zur Hamburger Hallig ..... 160

78 **Anarchie light**
Die Strandburgen auf Amrum ..... 162

79 **Natürlich dunkel**
Der Sternenhimmel über Pellworm ..... 164

80 **Meditativer Ausklang**
Bei Hauke Nissen in Oldsum auf Föhr ..... 166

# Voller Vorfreude

## 1 An der Schiffsreling

Der „geilste Moment“ im Urlaub, um einmal ein Zitat aus dem eigenen Freundeskreis zu bemühen, ist, „wenn alle Arbeiten erledigt sind, man völlig groggy die Bürotür hinter sich schließt und die ganze schöne Urlaubszeit noch vor sich hat“. Kein Ticken der Uhr, kein Zählen der Tage, die einem noch im Urlaub bleiben. Einfach nur der Genuss des Moments in dem Wissen, alle Freiheiten und hoffentlich viele schöne Augenblicke des Urlaubs noch vor sich zu haben. Ja, Vorfreude gilt nicht ganz ohne Grund immer noch als die schönste Freude. Und das Beste daran: Sie währt nicht nur einen Moment, sondern kann sich immer wieder aufs Neue einstellen.

Wer sich beispielsweise aufmacht, die Inseln und Halligen zu entdecken, wird einen solchen Moment gleich mehrfach auskosten können. Das gelingt besonders gut auf einem der zahlreichen Schiffe, die zu und zwischen den nordfriesischen Inseln und Halligen verkehren. Wenn man unterwegs ist und gleichzeitig zwischen zwei Orten verweilt. Egal ob auf einer Überfahrt von Strucklahnungshörn nach Pellworm oder zur Hallig Hooge, ob von Dagebüll nach Föhr oder Amrum, oder ob quer zwischen den Inseln und Halligen.

TIPP

Der magische Moment an der Reling lässt sich auf vielen Ausflugsschiffen rund um die Inseln und Halligen erleben.

Ein Gefühl, das man übrigens nicht nur als Urlauber kennt. Wie ist es beispielsweise, wieder nach Hause zu kommen?

Also, Leinen los! Die Reling ist ein wunderbarer Ort, man spürt das Glück über dem Wasser. Den Wind, der die Haare zerzaust. Die Vorfreude zaubert ein Lächeln ins Gesicht. Tschüss Stress. Der Endorphin-Spiegel steigt und die Laune beginnt Purzelbäume zu schlagen. Ein kurzer Blick zurück und dann doch gleich wieder nach vorne gerichtet. Den nächsten Glücksort schon im Visier? Nein, lieber noch nicht. Jetzt erst einmal die Fahrt genießen und sich auf das freuen, was noch kommen mag. Offen sein für Neues. Wie heißt es doch in dem bekannten Gedicht von Hermann Hesse? Jedem Anfang wohnt ein Zauber inne. Das mag stimmen. Aber manchmal liegt der Zauber sogar noch vor dem Anfang selbst.

● An der Schiffsreling
Informationen unter www.faehre.de und www.faehre-pellworm.de

# Fest verankert

## 2 Der Schiffsanker in Boldixum auf Föhr

Wer heute auf Föhr unterwegs ist, mag überrascht sein, dass nicht Wyk, sondern ehemals das Inseldorf Boldixum das Zentrum der Insel bildete. Bis Wyk mit seinem Hafen diese Rolle übernahm. Inzwischen ist das nahegelegene Boldixum eingemeindet. Aber noch immer lohnt ein Abstecher dorthin, ist es doch eines der Dörfer, das seinen ursprünglichen Charme und die historische Struktur an vielen Stellen behalten hat. Eine echte Dorf-Perle, wenn man so will.

Dabei sollte man auf jeden Fall einmal auf dem Miele-Gosche-Platz „ankern". Der traditionsreiche und einladend gestaltete Platz ist nach Emilie Peters (1847–1937) benannt, besser bekannt unter dem Namen Miele Gosche. Ein Föhrer Original. In den 1870er-Jahren folgte sie ihrem Mann, der als einer der ersten Föhrer als Goldgräber im weit entfernten Amerika sein Glück suchte. Wie ein Schiff von großer Fahrt kehrte die Familie jedoch wieder zurück in den „Heimathafen", um vor Anker zu gehen und ein Haus zu beziehen, das einmal auf diesem Platz stand. Zu wissen, wo man hingehört, ist auch eine Form des Glücks. Und zwar eine, die durch ein schönes Symbol hier auf dem Dorfplatz eine Entsprechung gefunden hat: einen Anker. Und wie imposant! Anker sind über die Schifffahrt hinaus zu einem Symbol geworden, etwa, wenn es um Halt und Hoffnung, Sicherheit und Zuversicht geht. Da überrascht es auch nicht, dass der Anker gerade in früheren Zeiten zum beliebten Tattoo-Motiv der Seeleute wurde.

Wer hier auf dem Platz verweilt und etwas über die Geschichte von Miele Gosche erfährt, denkt vielleicht darüber nach, welches die Anker im eigenen Leben sind. Wo finden wir Halt? Ist es die Familie, der Beruf oder vielleicht ein bestimmter Ort? Oder ruhen wir in uns selbst? Was immer es auch ist: Wer seinen Anker kennt, kann die Welt erkunden, auf „große Fahrt" gehen, mit der Gewissheit, wieder in den eigenen sicheren Hafen zurückzukehren.

TIPP

Nahe des Pellwormer Leuchtturms findet sich eine Kuriosität: ein mit einem Baum verwachsener Anker.

- Schiffsanker, Miele-Gosche-Platz, zwischen Ocke-Nerong-Straße/Holm/Dörpstraat, 25938 Wyk Boldixum auf Föhr
- ÖPNV: Inselbus Föhr, Haltestelle Wyk-Boldixum (Fahrplan unter www.faehre.de)

# Auf die Faust

## 3 Am Hafenstrand von Wittdün auf Amrum

Viele Regionen haben ihre typischen Leckereien: Was wären etwa das Ruhrgebiet oder Berlin ohne die jeweils für sich beanspruchte Currywurst? Was wäre Lübeck ohne sein Marzipan? Oder Bayern ohne „Haxn" oder Brezeln mit Butter? Nicht nur kulinarisch ein Genuss, denn so manche Spezialität lädt sogar zum Mitsingen ein – egal, ob es die „Currywurst" von Herbert Grönemeyer ist, ein „eisgekühlter Bommerlunder" von den Toten Hosen oder das „Käsebrot" von Helge Schneider. Aber hat jemals jemand das Fischbrötchen besungen?
Wer im Norden unterwegs ist, kommt am Fischbrötchen nicht vorbei. Natürlich nicht. Ob mit Matjes, Hering oder Aal (oder mit Krabben, die lassen wir auch mal als „Fisch"-Brötchen durchgehen, da sind wir nicht so genau), ob mit oder ohne Zwiebeln, eingelegt oder gebacken, im Brötchen oder mit Baguette, ob mit Remoulade, Senf oder „Knofi", so ein Fischbrötchen ist einfach lecker und es macht glücklich.
Was man sich dabei gar nicht vorstellen möchte: Diesen Klassiker schön angerichtet auf einem Teller serviert. Womöglich mit Messer und Gabel essen? Bloß nicht! Einfach auf die Faust. So schmeckt es am besten. Dann braucht es nur noch einen passenden Ort. Vielleicht auf einer Kaimauer am Hafen oder am Strand, während einem eine frische Brise um die Nase weht und die Möwen vorbeiziehen. Das sind sinnliche Urlaubserlebnisse, die glücklich machen.
Auf Amrum bieten sich dazu gleich bei Ankunft mehrere Möglichkeiten. Ob im „Klabautermann", „Restaurant Hafen 31" oder in „Scholle's Fisch-Buttze", hier kommt jeder auf seinen Geschmack und kann sich ganz nach persönlichem Gusto eindecken. Und danach gleich runter zum Strand. Erst recht, wenn man im Urlaub ist. Der perfekte Start. Oder ein letzter Gruß, wenn man schon wieder die Heimreise antreten muss. Vielleicht erklingt dabei ja eine kleine Melodie im Hinterkopf, der ganz persönliche „Fischbrötchen-Song"?

- Hafenstrand von Wittdün auf Amrum
- ÖPNV: Inselbus Amrum, Haltestelle Wittdün Fähranleger, mit Fußweg (Fahrplan unter www.faehre.de)

# Am Rand des Suppentellers

4

## Auf dem Deich von Pellworm

„Kennste eine, kennste alle“, eine Redensart, die für die Inseln Föhr, Amrum und Pellworm und die Halligen unzutreffender nicht sein könnte. Tatsächlich hat jede der drei Inseln ihr ganz eigenes Gesicht – einmalig und unverwechselbar. Die weitläufigen Sandstrände von Föhr und Amrum sucht man auf Pellworm beispielsweise vergebens. Was hier das besondere Feeling ausmacht? Natürlich der Deich!

Pellworm ist – so wie die Halbinsel Nordstrand und einige der Halligen – ein Überbleibsel der alten Insel Strand. Diese ging in der Nacht vom 11. auf den 12. Oktober 1634 in der schweren Burchardiflut teilweise unter, wodurch sich das Gesicht der gesamten Region vollständig veränderte. Aus dem Westteil von Strand wurde Pellworm. Da das Eiland unterhalb des Meeresspiegels liegt, ging und geht es bis heute nicht ohne einen gewaltigen Deich. Kilometerweit und meterhoch umringt er die Insel nahezu lückenlos. Manche vergleichen ihn auch mit dem Rand eines Suppentellers: der Deich als Tellerrand und das Inselinnere als Vertiefung. Ein schönes Bild, zumal der Teller gut gefüllt ist. Wenn man der Fantasie ihren Lauf lässt, bilden Warften, Felder, Straßen und Seen die Einlage – der Blick vom Deich aus ist ein wahrer Leckerbissen für die Augen.

TIPP

In der Nordermühle kann man auch übernachten.

Ja, der Deich. Für viele ist er nicht nur irgendein, sondern der Rückzugsort schlechthin. Ob in den Morgenstunden beim Frühsport, einer Meditation oder etwas Tai Chi, ob für einen entspannten Spaziergang oder eine Joggingeinheit (ohne lästigen Sand in den Schuhen!), oder um ein Sonnenbad auf dem „Grünstrand“ zu genießen. Auf dem Deich sind wohl alle glücklich. Und sei es nur ein paar Momente lang. Einfach mal innehalten, vielleicht auf einer der vielen Bänke ausruhen. So wie die an der Nordermühle, wenn sie nicht gerade belegt ist. Denn eine solche Bank macht selbst so manches Schaf glücklich. Pellworm – ohne Zweifel eine etwas andere Insel im Wattenmeer.

● Bank auf dem Deich bei der Nordermühle, Nordermitteldeich 70, 25849 Pellworm
● Anfahrt mit dem Fahrrad oder Pkw empfehlenswert
Fahrpläne und weitere Infos unter www.pellworm.de und www.faehre-pellworm.de

# Retro, Plüsch & Popcorn

5

## Das Filmtheater in Wyk auf Föhr

Filmtheater! Schon der Begriff klingt herrlich retro. Wie hat sich doch das Kino in den letzten Jahrzehnten gewandelt! In den Anfängen hatten die Menschen sogar Angst davor, weil sie die Geschwindigkeit der Bilder erschreckte. Bis sie der Glanz der Leinwand gefangen nahm. Dann kamen zuletzt die großen Multiplexkinos. Und heute? Filmvergnügen direkt vom heimischen Sofa aus. Streamingdienste machen es möglich. Der Blockbuster auf Knopfdruck. Was sicher bequem ist. Aber geht dabei nicht ein Stück Erlebnis verloren?
Kino bedeutet ja nicht nur, einen Film zu schauen. Kino ist weit mehr. Vor allem ist es auch ein gemeinschaftliches Erlebnis. Nicht nur beim gemeinsamen Besuch mit Familie und Freunden. Zusammen mit vielen anderen Besuchern all die Gefühle und Dramen, die sich auf der Leinwand abspielen, mitzuerleben, hat was. Lachen und Weinen, Gruseln und Spaß. Nicht zu vergessen, das Kino ist ein fabelhafter Rückzugsort für manch traute Zweisamkeit. Im Dunkeln die Hände nehmen. Kleine Zärtlichkeiten. Prickelnd und aufregend.
Also mal wieder Platz genommen im Kinosessel, sich in andere Welten entführen lassen, raus aus dem Alltag, rein in die Illusion. Auf Föhr geht das im „Filmtheater am Sandwall“. Ein gemütliches kleines Kino. Ein bisschen nostalgisch. Auf jeden Fall mit Charme und Charakter. Integriert in das historische Kurhausgebäude, mit roten Plüschsesseln und einer Kinoarchitektur, dass einem das Herz aufgeht. Und das Beste ist, man muss nicht auf die neuesten Filme verzichten. Es wird alles geboten. Vielleicht nicht an jedem Tag, aber immer aktuell.
Schnell noch eine Tüte Popcorn besorgt und schon kann es losgehen. Oder halt! Vielleicht noch etwas Eiskonfekt? Das gibt es sogar noch kurz vor dem Filmstart direkt am Platz. Ganz wie früher. Kinoglück in Reinkultur!

TIPP

Filmerlebnisse gibt es auch im LichtBlick InselKino in Norddorf auf Amrum und im KinoKlub im Bürgerhaus auf Pellworm.

- Filmtheater am Sandwall, Sandwall 40, 25938 Wyk auf Föhr, Tel. (0 46 81) 13 33 www.de-de.facebook.com/inselkino/
- ÖPNV: Inselbus Föhr, Haltestelle Wyk Mitte, mit Fußweg (Fahrplan unter www.faehre.de)

# Einfach mal abhängen

6

## Die Hängematte im Kniepsand auf Amrum

Sand, viel Sand. Und Himmel, viel Himmel. Und mit ein bisschen Glück lässt sich in einiger Entfernung sogar ein Segelboot ausmachen. Jetzt bräuchte es nur noch ein paar Palmen und das karibische Feeling wäre perfekt. Okay, eigentlich schmückt sich schon die Nachbarinsel Föhr mit dem Slogan „Friesische Karibik". Aber da gibt es eben auch noch diesen ganz besonderen Ort auf Amrum …
Vielleicht stößt man zufällig darauf. Oder man sucht bewusst danach, was allerdings gar nicht so leicht ist. Ein bisschen ist es wie bei der Suche nach der berühmten Stecknadel im Heuhaufen. Aber was gibt es eigentlich konkret zu finden? Keine Stecknadel, sondern vielmehr eine riesige Hängematte. Die macht ja für sich genommen schon glücklich. Und dann noch diese Umgebung! Inmitten des Kniepsands, dem Markenzeichen von Amrum. Nirgendwo an der Nordseeküste gibt es solch einen gigantischen Sandstrand. Über viele Quadratkilometer dehnt er sich aus. Aber halt. Genau genommen handelt es sich ja gar nicht um einen Strand, sondern um eine riesige wandernde Sandbank. In den 1960er-Jahren war sie noch nicht mit der Insel verbunden. Und in den nächsten Jahrhunderten wird sie weiterwandern, rum um die Amrumer Odde. Der Kniepsand ist zugleich Inselschutz. Und auf unvergleichliche Weise schön.

TIPP
Ganz in der Nähe finden sich auch die legendären Strandhütten von Amrum.

Oft lässt sich dieser außergewöhnliche Ort genießen, ohne einer einzigen Menschenseele zu begegnen. Selbst in der Hochsaison. Für sich zu sein, kann ja manchmal ebenfalls glücklich machen. Unbeschreiblich dann der Moment, wenn man in den Genuss kommt, sich in diese Hängematte zu legen, in den blauen Himmel zu schauen, die Wolken ziehen zu sehen und einfach zu lauschen. Oder die Augen schließen und sich in Achtsamkeit üben. Nicht für lange. Nur für ein paar Augenblicke vielleicht. Die reichen, um die Welt wieder zurechtzurücken. Der Mensch ganz klein in diesen Weiten. Keine alltägliche Erfahrung. Aber ein Glücksmoment, der seinesgleichen sucht.

- Hängematte im Kniepsand, Strandabgang beim Leuchtturm, 25946 Amrum
- ÖPNV: Inselbus Amrum, Haltestelle Nebel Leuchtturm, mit Fußweg (Fahrplan unter www.faehre.de)

# Geschichte mit Happy End

7

## Auf Hallig Südfall

Was ist eine Hallig? Nichts weiter als eine kleine Erhebung mitten im Watt? Von einer Insel unterscheidet eine Hallig, dass sie nur wenig geschützt und bei Sturmfluten schon einmal „Land unter" ist. Und zwar komplett. Nur die Warften gucken dann aus den Fluten heraus. Aber allein diese Erklärung wird einer Hallig nicht gerecht. Selbst wenn es auf den ersten Blick nicht so scheint: Jede der zehn noch existierenden Halligen im Wattenmeer vor Schleswig-Holstein ist einzigartig. Nicht zuletzt aufgrund ihrer jeweils eigenen Geschichte. Und diese macht Südfall sogar zu einem Glücksfall.

Da wäre die Geschichte der Diana Henriette Adelaïde Charlotte Gräfin von Reventlow-Criminil (1863–1953), der „Hallig-Gräfin". Eine besondere Frau. Schön soll sie gewesen sein, extravagant und unnahbar. So manchem, der sich mit seinen Avancen Hoffnung gemacht hatte, gab sie einen Korb. Gleich mehrere Heiratsanträge schlug sie aus. Eine Persönlichkeit, die augenscheinlich wusste, was sie wollte. Oder eben nicht wollte. 1910 erwarb sie die Hallig Südfall, auf der sie weit entfernt von der gräflichen Glamourwelt und Highsociety bis zu ihrem Tod mit ihren Tieren lebte und dabei wohl eine ganz besondere Form von Glück gefunden haben muss.

Ein Leben, das selbst für Legenden taugt, die davon berichten, wie sie mit über 70 Jahren eine Sturmflut meisterte, bei der ihr das Wasser bis über die Hüfte reichte, während sie im Stall ihre geliebten Pferde zu beruhigen versuchte. Echtes Glück, so erzählt man sich, hatte wohl auch ein britischer Pilot, dessen Maschine gegen Ende des Zweiten Weltkrieges an einem nebligen Abend vor Südfall abstürzte. Den sicheren Tod mit der sich nähernden Flut vor Augen fand er im Schlick eine Tonflöte. Um auf sich aufmerksam zu machen, spielte er darauf. Davon alarmiert, soll ihn die Gräfin gerettet und für mehrere Wochen vor den Nationalsozialisten versteckt haben. Ja, eine kleine Hallig, aber voller Geschichten von Glück.

**TIPP**

Und wer von Geschichte und Geschichten noch nicht genug hat, kann bei einer Wattführung zur sagenumwobenen Rungholt auf Spurensuche gehen.

- 25845 Hallig Südfall, www.südfall.de
- Informationen zur Anreise unter www.halligen.de und www.nordseetourismus.de sowie www.wattenkutscher.de

# Klein Harrods

## 8 Koopmann's. Das Inselkaufhaus auf Pellworm

Ein Kaufhaus als Glücksort? Ist die Frage ernst gemeint? Okay, auf den ersten Blick scheinen diese Fragen nicht ganz unberechtigt. Andererseits: „Shopping" soll ja für nicht wenige mehr als nur ein launiger Zeitvertreib sein und regelrecht das eine oder andere Feuerwerk an Glückshormonen entzünden. Ja, wer kennt sie nicht, die Konsumtempel wie das „KaDeWe" in Berlin, die „Galeries Lafayette" in Paris oder das „Harrods" in London? Sie locken tagtäglich unzählige Gäste an. Luxus im Überschwang. Nichts, was es in den altehrwürdigen Kaufhäusern nicht gibt. Schließlich ist dort der Kunde wirklich noch König.
Ein Ort auf Pellworm kann zwar mit den genannten Institutionen von Berlin, Paris und London allein schon in seinen Dimensionen nicht ganz mithalten. Dafür steht ihnen „Koopmann's – Das Inselkaufhaus" in Sachen Tradition und Service in nichts nach. Bis in das Jahr 1760 lässt sich die Geschichte immerhin zurückverfolgen. Getreu der Devise „Alles unter einem Dach" gab es auch hier schon immer alles, was man auf der Insel so braucht. Und das ist bis heute so geblieben. Vom Lebensmittel bis zur Frischetheke, vom Drogerieartikel bis zum Souvenir und von Schreibwaren bis zu Zeitschriften. Nicht zu vergessen, viele Dinge aus der guten alten Zeit, zum Beispiel Kurzwaren aller Art. Man betritt den Laden und ist bass erstaunt. Alles wirkt ein bisschen wie aus der Zeit gefallen. Nicht zwanghaft gewollt, sondern einfach authentisch. Wo gibt es so etwas in Zeiten des Online-handels heute noch? Zwar macht die Zeit es ab und an erforderlich, einige Neuerungen vorzunehmen. Dennoch soll der Charakter des kleinen „Super"-Kaufhauses unbedingt bewahrt bleiben.
Ach ja, einen wichtigen Unterschied gibt es doch noch zwischen „Koopmann's" und seinen drei großen Geschwistern: Mittagspause darf auch mal sein. Ganz so wie früher.

TIPP

Auch bei „Hansi-Eis", Ecke Süderstraße/ Wilhelmstraße, einer Institution in Wyk auf Föhr, fühlt man sich wie in der guten alten Zeit.

● Koopmann's – Das Inselkaufhaus, vormals: Markant-Markt Nah und Frisch, Nordermitteldeich 40, 25849 Pellworm, Tel. (048 44) 2 27
www.koopmanns-pellworm.de
● Anfahrt mit dem Fahrrad oder Pkw empfehlenswert
Fahrpläne und weitere Infos unter www.pellworm.de und www.faehre-pellworm.de

Kiek mol wedder in

# Zeitlos happy

9

## Die Sonnenuhr in Alkersum auf Föhr

Glück und Zeit – zwei Dinge, die untrennbar zusammengehören. Denn die Zeit und wie man sie verbringt, beeinflusst das eigene Glücksempfinden maßgeblich. Wenn man so will, dann ist der Umgang mit der Zeit geradezu so etwas wie ein Schlüssel zum Glück. Wie gut deshalb, selbst immer mal wieder an die Zeit erinnert zu werden. Auf Föhr beispielsweise in Alkersum. Vielen ist das Inseldorf vor allem als Pferdedorf bekannt. Was – ganz nebenbei – ja auch mit Glück zu tun hat. Liegt das nicht bekanntlich auf dem Rücken der Pferde?

Aber wir sind ja bei der Zeit. Die sollte man sich in Alkersum für eine Stippvisite des Dorfplatzes nehmen. Lange Zeit war der nichts Besonderes. Bis zum Jahr 2015. Dann wurde der Platz komplett umgestaltet. Nach einem Entwurf des Inselfotografen Hermann Hinsberger. Dessen Idee: den Dorfplatz einer Malerpalette nachzubilden. Blumenbeete als Farbklekse und Erhebungen machen das möglich. Eine Anlehnung an das überregional bekannte Museum der Westküste direkt nebenan. Ein Hingucker: die Sonnenuhr. Zwei Heu- und ein Strohballen dienen als Ziffernblatt, eine Heugabel als Schattenspender und Zeiger der Uhr. Gestaltet vom Inselsteinmetz Markus Thiessen, ist sie eine Hommage an das Dorf- und bäuerliche Leben auf Föhr und in Alkersum.

TIPP

Weitere Sonnenuhren gibt es etwa in Oldsum, auf der Großen Straße und der Hafenstraße in Wyk sowie am Wyker Südstrand.

Man muss diesen schönen Ort einfach auf sich wirken lassen und die Stimmung genießen, die von hier ausgeht. Dabei zwar die Zeit im Blick behalten, aber einmal nicht auf Minuten geschweige denn auf Sekunden achtgeben zu müssen. Nichts, was uns eine schnelle Taktung aufzwingt, die wir vielleicht so gar nicht wollen. Dem Lauf der Zeit entrinnen. Übrigens: Die Gestirne kennen keine Sommer- und Winterzeit. Hier regiert stets die Winterzeit. Was aber im Grunde egal ist. Denn wie heißt es doch auch? Dem Glücklichen schlägt keine Stunde.

- Sonnenuhr, Dorfplatz Alkersum (neben dem Museum der Westküste), an der Hauptstraße gelegen, 25938 Alkersum auf Föhr
- ÖPNV: Inselbus Föhr, Haltestelle Alkersum Hauptstraße oder Alkersum Nieblumweg (Fahrplan unter www.faehre.de)

# Traumwelt

## 10 Die Vogelkoje auf Amrum

Die Zeiten ändern sich. Nichts bleibt, wie es ist. Zum Glück, möchte man oftmals hinzufügen. So schaffen es manche Orte, in einem ganz neuen Licht zu erscheinen. Wie die Vogelkoje auf Amrum beispielsweise. In den vergangenen Jahrhunderten war sie – ebenso wie die Vogelkojen auf den anderen Inseln – eine Fangeinrichtung für Wildvögel, insbesondere für Wildenten. Angelockt durch zahme Enten nahm es für sie kein glückliches Ende. Der Entenfanggarten mit seinen Fangpfeifen war für ungezählte Tiere buchstäblich Endstation. Ein Glück allenfalls für einige Inselbewohner, die dadurch nicht nur zu dem einen oder anderen Entenbraten kamen, sondern denen sich damit auch eine lukrative Einnahmequelle eröffnete: Erst im kleinen Stil, später sogar auf industrielle Weise wurden die Wildtiere zu Konservenfleisch und anderen haltbaren Dosenwaren verarbeitet. Aber wie gesagt, die Zeiten ändern sich. In den 1930er-Jahren wurde der Fang eingestellt und die Konservenfabrik geschlossen.

TIPP

Für Geschichtsinteressierte: Von der Vogelkoje führt ein Bohlenweg zum Eisenzeitlichen Haus.

Heute präsentiert sich die Vogelkoje als kleiner Garten Eden. Ein wahres Naturerlebnis. Sie ist nun Brut- und Nistplatz für Tausende von Wasservögeln. Jetzt ein Glück für die Tiere und ein Glück für uns. Beinahe mystisch kommt es einem vor, wenn man über den Bohlenweg durch dieses Areal streift. Ringsherum sattes Grün und wunderliche Farbspiele, die das Licht von oben zaubert. Knorrige alte Bäume mit mächtigem Wurzelwerk, das teilweise direkt bis in das Wasser reicht. Man fühlt sich an die weit entfernten Mangrovenwälder erinnert oder in Fantasiewelten versetzt. Wie war das noch mit Baumbart, jenem Wesen aus J. R. R. Tolkiens „Der Herr der Ringe", den man leicht mit einem Baum verwechseln kann? Oder die Borkentrolle mit Armen wie Äste und Beinen wie Wurzeln im Film „Die unendliche Geschichte" nach Michael Endes fantastischem Roman? So manchem Verirrten könnten sie einen Streich spielen. Solchen Gedanken gibt man sich in der Vogelkoje hin. Hat da nicht eben etwas um die Ecke geäugt? Wundern würde es einen in dieser Traumwelt nicht.

- Naturerlebnisraum „Vogelkoje Meeram", Wald Nebel/Norddorf, 25946 Nebel auf Amrum, Tel. (0 46 82) 16 35
- ÖPNV: Inselbus Amrum, Haltestelle Nebel Vogelkoje/Klööwenhuuch, mit Fußweg (Fahrplan unter www.faehre.de)

# Gern eine Kugel mehr

## 11 Das Eiscafé Cappuccino in Nieblum auf Föhr

Sommer, Sonne, Strand und Meer und noch ein Eis auf die Hand. Erinnert das an einen Sommerurlaub in südlichen Gefilden? Klar, aber all das kann man auch im hohen Norden auf der Insel Föhr genießen. Gerade wer leckeres Eis liebt, ist im Eiscafé Cappuccino im Seebad und Kurort Nieblum genau richtig. Ein Muss während eines sommerlichen Föhraufenthaltes, wie viele bestätigen, die es schon seit Jahren immer wieder hierher verschlägt oder die hier heimisch sind. Ein Glücksgenuss für Groß und Klein.

Eisgenießer sollten mitunter etwas Zeit mitbringen. Denn das Eiscafé Cappuccino, urig in einem alten Friesenhaus gelegen, ist längst kein Geheimtipp mehr, sondern in puncto Eisspezialitäten eine der ersten Anlaufstellen auf Föhr. Bei gutem Wetter sind kleinere oder auch mal längere Schlangen vorprogrammiert. Gelassenheit ist also angesagt. Außerdem bietet die Wartezeit eine gute Gelegenheit, sich schon einmal Gedanken über die Auswahl zu machen. Ist man nämlich an der Reihe, hat man wie so oft die Qual der Wahl: Eis in der Waffel oder in einem Becher? Wie viele Kugeln nehmen? Oder vielleicht lieber ein Softeis? Und dann: mit oder ohne Topping? Zur Auswahl stehen Streusel aller Couleur, Soßen und Früchte. Bis das Auge vielleicht an der Theke nebenan hängen bleibt: Waffeln! Wäre ja vielleicht eine Alternative. Immerhin ist das Cappuccino zugleich als „Waffelhaus“ bekannt. Die werden direkt vor den eigenen Augen frisch zubereitet. Oder darf es womöglich eine Waffel-Eis-Kombination sein?

TIPP
Eine ruhige Kugel Eis schieben kann man auch in Wyk im Glenngelato auf dem Sandwall.

Wer dann seine Leckerei in Ruhe genießen will, nimmt einfach draußen Platz. Oder schlendert ein bisschen durch das malerische Inseldorf, das sich gerade an schönen Tagen wie aus dem Bilderbuch präsentiert. Vielleicht Richtung Dorfteich. Wenn das Eis auf dem Weg dorthin nicht schon vor der Ankunft komplett vernascht ist. Wirklich überraschend wäre das nicht.

● Eiscafé Cappuccino, Jens-Jacob-Eschel-Straße 20, 25938 Nieblum auf Föhr, Tel. (0 46 81) 55 99
● ÖPNV: Inselbus Föhr, Haltestelle Nieblum Tankstelle (Fahrplan unter www.faehre.de)

Heiße
Waffeln
HEIMBS

# Bunt gestreift

12

## Ein Regenbogen-Zebra auf Pellworm

Die Farbe Pellworms ist das Grün. Dafür wird diese Insel geliebt. Umgeben von einem grünen Deich, kann man nicht nur lange Radtouren durch die sattgrüne Landschaft, sondern natürlich auch viele andere Aktivitäten unternehmen. Selbst im Winter dominiert das Grün – es sei denn, alles wird gerade von einer weißen Schneeschicht bedeckt. Was allerdings ganz ohne Frage ebenfalls seinen Reiz hat.
Und dann das! Mitten im Grün ein Farbklecks, der sich schon aus der Ferne ausmachen lässt. So bunt. Das heißt, wenn man genauer hinschaut und sich dem Etwas vorsichtig nähert, dann ist es gar kein Klecks. Denn der ist ja eher rundlich. Hier sind es ganz viele bunte Streifen. Ein lebensgroßes zebraähnliches Getier steht vor einem. Nicht in dem bekannten Schwarz-Weiß, wie Mann und Maus es kennen. Nein, farbenfroh leuchtet es einem in den vielfältigen Nuancen des Regenbogens und weiteren Farben entgegen (nur nicht im Winter, wenn es im Stall steht). Aber was macht so ein hölzernes Zebra auf Pellworm, wo sich ansonsten eher Schaf und Kuh Gute Nacht sagen?
Uschi, so heißt dieses Regenbogen-Zebra, gehört zum Holzwürmchen am Schardeich. Hier ist der Name zumindest teilweise Programm: Vieles dreht sich um das Werkeln mit Holz und das Herstellen von Holzspielzeug. Holzwurm trifft Zebra ...
Weil aber bunt alles andere als einseitig ist, beschränkt man sich im Holzwürmchen nicht auf Holz allein. Kreativität wird insgesamt großgeschrieben. Auch beim Umgang mit anderen Materialien. Und so kann man in diversen Kursen sogar der eigenen kreativen Ader freien Lauf lassen. Oder aber einfach nur zum Stöbern herkommen und sich vielleicht ein bisschen inspirieren lassen. Angeboten wird so allerlei. Von den friesischen Grundnahrungsmitteln Tee und Kandis über Honig bis zu Bastelmaterial, Souvenirs und viel Holzspielzeug. Als Erinnerung an Pellworm, das in Farben des Glücks strahlt und einfach herrlich bunt ist!

TIPP

Workshops, Bastelmaterialien und vieles mehr für „Schietwedder“-Tage an der Nordsee findet man auch in der creativ Werkstatt in Wyk auf Föhr.

● Regenbogen-Zebra/Holzwürmchen, Hans Hermann und Manuela Ohrt, Schardeich 1, 25489 Pellworm, Tel. (048 44) 6 52, www.holzwuermchen.com
● Anfahrt mit dem Fahrrad oder Pkw empfehlenswert
Fahrpläne und weitere Infos unter www.pellworm.de und www.faehre-pellworm.de

HOLZWÜRMCHEN

# Gegen den Strom

## 13 Die Godelniederung auf Föhr

Die Natur bietet zahlreiche Gelegenheiten, um glückliche Momente zu erleben, etwa bei einer ausgedehnten Radtour entlang der Traumstraße – die heißt wirklich so! – zwischen Goting und Utersum. Hier lohnt ein Abstecher in eine Gegend von Föhr, die viele bislang eher selten auf dem Schirm haben: das Schutzgebiet der Godelniederung. Ein Brut- und Rastgebiet für allerlei Wiesenvogelarten, wie beispielsweise Rotschenkel, Sandregenpfeifer, Säbelschnäbler oder die Zwergseeschwalbe. Mitunter rasten hier zigtausende Vögel, die auf ihren ausgedehnten Reisen über die Erdhalbkugel von Skandinavien bis hinunter nach Südafrika die Godelniederung als Zwischenetappe nutzen.
Diesem munteren Treiben zuzusehen, ist schon für sich genommen ein kleiner Glücksmoment. Aber warum zieht es all diese Vögel ausgerechnet hierher? Ungestörten Lebensraum müsste es doch auch anderswo auf Föhr geben. Bei der Godel jedoch, einem Süßwasserbach, der sich aus dem Zusammenschluss mehrerer Süßwasserpriele ergibt, handelt es sich um ein kleines und besonderes Naturphänomen. Nach rund 1,5 Kilometern mündet Föhrs einziges Süßwasserflüsschen in die Nordsee. Das Außergewöhnliche daran: Bei Hochwasser und Sturmfluten ändert der Bach seine Fließrichtung. Und erst durch das Vermischen von Salz- und Süßwasser entsteht dieses einzigartige Biotop für Pflanzen und Meeresvögel. Ein Naturjuwel, das zu bewahren ist. Dazu dienen nebenbei bemerkt auch zwei Strandmüllboxen für all das Zeugs, das man beim Strandspaziergang so aufgabelt und hier ablegen kann. Aber zurück zur Godel. Vielleicht lohnt es ja auch im echten Leben einmal, sich darauf einzulassen, gegen den Strom zu schwimmen. Getreu der Devise in Holly Goldberg Sloans Roman „Glück ist eine Gleichung mit 7“, die da heißt: „Manchmal muss man gegen den Strom schwimmen, um anzukommen“. Freilich, das kann anstrengend sein. Aber einen Versuch wäre es allemal wert. Wozu einen ein kleiner Bach so inspirieren kann …

- Godelniederung, 25938 Witsum
- ÖPNV: Inselbus Föhr, Haltestelle Witsum, mit Fußweg (Fahrplan unter www.faehre.de)

# Ein ungleiches Paar

## 14 Rosen und Lavendel in Nebel auf Amrum

Es gibt Glücksorte, die dürfte es eigentlich gar nicht geben. Jedenfalls so nicht. Weil sie sich in gewisser Weise gegenseitig ausschließen. Aber andererseits: Ziehen sich Gegensätze nicht an?
Wenn man über die Inseln streift, sieht man sie immer wieder vor den gepflegten Häusern blühen: Rosensträucher und Lavendelbüsche vor oder auf Mauerbeeten aus Steinen oder Findlingen. Ist man etwa im Inseldorf Nebel unterwegs und hält sich direkt mit Blick an der Wasserkante entlang, sieht man besonders viele schöne Gärten mit dieser Paarung. Schon der Duft beider Pflanzen ist betörend und ihre Farbenpracht sticht einem sofort ins Auge. Und doch ein ungewöhnliches Paar. Erst recht, wenn man genauer hinter die Kulissen schaut: Eigentlich sind diese beiden Pflanzen gar nicht so recht füreinander bestimmt. Sie benötigen verschiedenartige Böden und Standorte, individuelle Pflege und selbst der Anspruch an die Wassermenge ist unterschiedlich für ein glückliches Blumenleben. Aber trotzdem gedeiht dieses schöne Paar gerade hier auf den Inseln so gut und prächtig. Vielleicht haben sie sich aneinander gewöhnt und lassen sich beim Wachsen ihren Freiraum, den gerade der Lavendel so nötig hat. Er braucht gewissermaßen viel Luft zum Atmen. Und die Rose? Sie hat ihren ganz eigenen Sti(e)l.
Wenn man sie so einträchtig beieinander sieht, kommt man ins Nachdenken. Wie ist das mit den eigenen Ansprüchen an das Leben? Wie viel Freiraum ist gewollt? Und tun wir uns nicht ebenfalls gern mit anderen zusammen, die so ganz anders sind als wir selbst? Als Paar, als Familie, als Freunde? Jede und jeder für sich ein Individuum, das sich aber erst im „Wir" entfaltet und zum Erblühen kommt. Schöne Gebilde, die eine glückliche Zweisamkeit ermöglichen. Es bedarf gar nicht so viel. Nur etwas Aufmerksamkeit und Pflege, und dem besonderen Glück steht nichts im Wege.

● Rosen- und Lavendel-Mauer, Ecke Uasterstigh/Ualaanj, 25946 Nebel auf Amrum
● ÖPNV: Inselbus Amrum, Haltestelle Nebel Mitte, mit Fußweg
(Fahrplan unter www.faehre.de)

# Hoch hinaus

## 15 Eine Schaukel auf Hallig Hooge

Die Hallig Hooge ist die zweitgrößte Hallig im Wattenmeer an der Westküste Schleswig-Holsteins. Anders als die anderen Halligen, werden hier die Bewohner auf den zehn Warften von einem Steindeich vor leichteren Sturmfluten geschützt. Den Namen Hooge soll sie haben, weil sie etwas höher als die übrigen Halligen liegt. Trotzdem wird die Hallig regelmäßig überflutet, was wichtig ist, um das Gleichgewicht der Natur aufrechtzu-erhalten.

Hooge zählt zu den beliebtesten Ausflugszielen. Die Hallig ist daher gut zu erreichen. Regelmäßig wird sie von Amrum, Föhr, Pellworm oder direkt vom Festland aus angesteuert. Zu Stoßzeiten ergießen sich regelrechte Besucherströme. Besonders beliebt bei Tagesausflüglern sind das Sturmflutkino, das Heimatmuseum und der Königspesel auf der Hanswarft im historischen Kapitänshaus aus dem Jahre 1776. Also den Strömen folgen oder sich lieber mal ausklinken und sein Glück allein versuchen? Warum nicht. Am besten geht das mit dem Fahrrad. Das kann man gleich am Fähranleger mieten. Dann steht einer vergnüglichen Erkundungstour fernab des Touristentrubels nichts im Wege. Den mitunter kräftigen Seewind gibt's gratis dazu. Und wenn der einem nicht gerade ins Gesicht bläst, kann man sich von ihm treiben lassen, wie Treibholz im Wasser.

TIPP

Quasi ins Wattenmeer schaukeln kann man in der Saison auch hinterm Deich am Leuchtturm auf Pellworm.

Und da fällt sie einem ins Auge. Eine Schaukel. Sie steht am Rande einer Wiese. Schnell nach rechts und links geguckt. Keine Menschen per pedes oder Kutsche zu sehen? Und rauf auf die Schaukel. Höher, schneller, weiter. Hinauf in den Himmel … der Blick ist einmalig. Man schaukelt quasi direkt ins Wattenmeer. Und schon denkt man an den alten Seebären Hans Albers und seinen Gassenhauer: „Komm' auf die Schaukel Luise". Allerdings ist es hier ein Vergnügen, das keinen Groschen kostet und ohne jeden Rummel um einen herum. Nur den Blick schweifen lassen und für ein paar Momente einfach die Zeit vergessen.

- Schaukel, 25859 Hallig Hooge, www.hooge.de
- Informationen zur Anreise unter www.halligen.de und www.nordseetourismus.de

# Von einem, der auszog ...

## 16 Das „Macke Pudel“ in Oevenum auf Föhr

Von einem der auszog, das Fürchten zu lernen. So heißt ein bekanntes Märchen der Brüder Grimm. Auf Föhr bezogen, könnte man es ein wenig abwandeln: Von einem der auszog, das Glück zu finden. Davon weiß man hier auf der Insel ein Lied zu singen. Auch wenn man dazu ein wenig in ihre Geschichte zurückspringen muss.
Föhr war über Jahrhunderte hinweg mit dem Walfang verbunden. Aber wie das Leben so spielt, alles hat seine Zeit, und im 19. Jahrhundert neigte sich die Geschichte des Walfangs endgültig dem Ende entgegen. Viele wanderten aus und suchten ihr Glück in Amerika, etwa in New York. Manch einer von ihnen eröffnete dort einen Delikatessen Shop – oder kurz Deli. Solche Feinkostgeschäfte mit Imbiss wurden schnell populär. Eine Tradition, auf die man sich vor einiger Zeit auf Föhr wieder besonnen hat. Wunderbar lebendig wird die Geschichte der hiesigen Auswanderer im „Macke Pudel“ Café & Deli in Oevenum. Nicht nur mit den alten Bildern an der Wand. Auch die Speisekarte und so manche Familienanekdote machen die Verbindung nach Übersee erlebbar – einmal New York und zurück sozusagen. „Macke Pudel“, ein Kunstname? Nein, den gab es wirklich: Es war der Spitzname des Urgroßvaters der heutigen Betreiber, Stina und Nils Barnert. Macke von Markus und Pudel wegen seiner herrlichen Locken. Einer der Auswanderer von Föhr, der eben in New York ein erfolgreicher Deli-Besitzer wurde. Daran knüpft man in Oevenum nun Generationen später wieder an. Freilich mit einem besonderen Flair: Inselküche gewürzt mit amerikanischer Note. Wer Kulinarisches und Historisches aus der guten alten Zeit genießen will, ist hier genau richtig. New York Cheesecake, Opas Milchreis mit Zimt und Zucker oder Sloppy Joe, was in etwa so viel heißt wie „schlampiger Burger“, sind eine Sünde wert. Anders als bei einem normalen Burger findet sich anstatt eines Fleischpatties eine Hackfleischsauce, ähnlich einer Sauce Bolognese, zwischen den Brötchenhälften. Sieht gewöhnungsbedürftig aus, ist aber ungemein lecker. Und was kann man von alledem mitnehmen? Manchmal ist das Glück wie ein Bumerang: Es kehrt wieder zurück.

- Macke Pudel, Buurnstrat 24-28, 25938 Oevenum auf Föhr, Tel. (0 46 81) 5 02 96 15 www.mackepudel.de
- ÖPNV: Inselbus Föhr, Haltestelle Oevenum Gastwirtschaft, mit Fußweg (Fahrplan unter www.faehre.de)

# Einfach spitze

## 17 Die Odde auf Amrum

Wer mal abtauchen will, ohne dabei baden zu gehen, ist in der Amrumer Odde genau richtig.
Ob mit dem Fahrrad, Auto oder Bus, erst einmal ab nach Norddorf (wenn man nicht ohnehin schon vor Ort ist). Wie der Name schon sagt, ist dieser kleine Ort im Norden der Insel gelegen. Von dort aus geht es aber noch ein Stückchen weiter nördlich. Anfangs noch mit dem Fahrrad, dann nur noch zu Fuß. Das Ziel: die Odde.
Die Amrumer Odde ist Naturschutzgebiet und seit den 1930er-Jahren in weiten Teilen nur noch für die Vogelwelt zugänglich. Dort darf zwar geflogen werden, das Betreten ist aber aus guten Gründen strikt verboten. Doch kann man den Vogelschutzraum umwandern, ca. fünf Kilometer ist die Wegstrecke lang. Quer hindurch geht nicht. Wer sich auf östlicher Seite aufmacht und gegen den Uhrzeigersinn läuft, für den geht es zuerst an einem schmalen Küstenstreifen entlang. Es braucht schon einige Zeit, aber man kommt dem Ziel näher. Und es wird im wahrsten Sinne des Wortes spitze. Hier an der Nordspitze von Amrum.
Schon unterwegs dorthin taucht man ab, während man so läuft und läuft und läuft. In ein Meer aus Naturstimmen. Einfach durchatmen. Und ist man irgendwann an der Nordspitze angekommen, wird man wirklich belohnt: mit einem einmaligen Blick auf die Nachbarinseln Sylt und Föhr. Gut erkennbar der Leuchtturm von Hörnum im Süden von Sylt und das Örtchen Utersum auf Föhr. Bei klarer Sicht lassen sich sogar einzelne Personen ausmachen. Ebenso wie die Wassersportler. Und ist das dort nicht eine Gruppe Wattwanderer? Alles scheint nur einen Katzensprung entfernt, irgendwie zum Greifen nah. Und ist doch zugleich so fern. Hier ist man ganz für sich. Und genießt die Zeit, die man womöglich sogleich vergisst. Noch ein bisschen sinnieren, bis es wieder zurückgeht. Diesmal vielleicht auf der anderen Seite, entlang eines wunderbaren Sandstrands. So wird die Odde zu einem Wendepunkt. Und gerade in solchen Wendepunkten steckt ja häufig ein Quäntchen Glück.

**TIPP**
Bei einer Führung mit dem Vogelwart darf man ausnahmsweise in die geheimnisvolle Welt der Vögel der Odde eintauchen

- Vogelschutzgebiet „Amrum-Odde", 25946 Norddorf
- ÖPNV: Inselbus Amrum Haltestelle, Norddorf Mitte, mit Fußweg (Fahrplan unter www.faehre.de)

Jördsand

# Schön im Gleichgewicht

18

## Der Balancebalken in Nieblum auf Föhr

Nieblum auf Föhr ist wirklich ein besonders schmuckes Dörfchen. Mit prachtvollen Alleen, Kopfsteinpflaster und traditionell reetgedeckten Häusern. Und speziell die hübschen Gärten sind gerade zur Blütezeit im Frühling und Sommer eine wahre Augenweide. Kein Besuch hier ohne ein Schlendern durch die Gassen, vorbei an Galerien und so allerlei kleinen Geschäften. Nieblum ist sogar anerkanntes Seebad und nicht zuletzt für seinen weiten Sandstrand etwas außerhalb des Dorfes bekannt.

Wenn man vom Dorfkern kommend in Richtung Strand geht, ist der kleine Park „An De Meere“ nicht zu verfehlen. Wieder so ein idyllischer Flecken. Wer dort einen kurzen Stopp einlegt und den Blick über den Ententeich, die Blumenflächen und den kleinen Spielplatz schweifen lässt, wird etwas entdecken, das sich in Nullkommanix in einen Glücksort verwandeln lässt: einen Balancebalken.

Tun oder nicht tun? Das ist hier die Frage. Ach, warum eigentlich nicht einmal wieder ganz unbeschwert sein. Sich ein paar Jahre oder Jahrzehnte zurückversetzen. Je nach Jahreszeit schnell die Schuhe und Strümpfe ausgezogen. Dann ist das, was jetzt kommt, noch etwas spürbarer: der kleine Balanceakt! Wie passend doch zu einem Aufenthalt auf Föhr, denn warum fährt man schließlich in den Urlaub? Um abzuschalten, Abstand zu gewinnen und um aufzutanken. Vielleicht auch, um selbst wieder etwas ins Gleichgewicht zu kommen. Ein wenig dem Alltag entfliehen, in dem oft an uns gezerrt wird und der uns schnell einmal aus der Balance bringt. Also gleich die Gunst der Stunde und den dafür gedachten Balancebalken nutzen und etwas für die innere und äußere Ausgeglichenheit tun. Gar nicht so einfach? Mit ein bisschen Übung gelingt es ganz spielerisch. Und hat man erst einmal das Ende des Balkens erreicht, nicht gleich abspringen, eine Drehung ist noch einmal eine besondere Herausforderung. Kleine Aktion, große Wirkung. Und zurück geht's. Garantiert mit einem Glücksgefühl.

TIPP

Einen Balancebalken gibt es übrigens auch auf der Hallig Nordstrandischmoor.

- Balancebalken, Park „An De Meere“, 25938 Nieblum
- ÖPNV: Inselbus Föhr, Haltestelle Nieblum Tankstelle, mit Fußweg (Fahrplan unter www.faehre.de)

# Frische to go

19

## Ein Hofregal in Norddorf auf Amrum

Essen macht glücklich. Der Spruch gilt. Aber auf andere Weise als gedacht. Es sind nämlich keineswegs irgendwelche geheimnisvollen Glücksstoffe in den Lebensmitteln, die das Stimmungsbarometer nach oben schnellen lassen. Nein, das Glücksgefühl stellt sich auf ganz andere Weise ein. Etwa durch die Gemeinsamkeit beim Essen. Oder beim Zubereiten einer leckeren Mahlzeit. Das gilt in beiden Fällen erst recht, wenn man weiß, was drinsteckt. Ursprünglich und regional liegt dabei im Trend.

Wer selbst den Einkauf zu einem solchen ursprünglichen Glückserlebnis machen möchte, schaut am besten direkt beim Erzeuger vorbei. Auf Amrum etwa bei Familie Schult in Norddorf. Einer von ganz wenigen Landwirtschaftsbetrieben, die noch auf der Insel tätig sind. Ursprünglicher als im dortigen Hofladen geht es kaum. Obwohl – ein Hofladen im klassischen Sinne ist es eigentlich nicht. Eher ein Hofregal, hier im Inneren des Bauernhofs. Doch das bietet allerlei Leckereien. Ein Renner: die Eier von glücklichen Hühnern frisch gelegt. Nicht aus der Legebatterie. Und vor allem Obst und Gemüse aus eigenem Anbau. Direkt vom Feld, der jeweiligen Jahreszeit entsprechend. Klar. Wer braucht schon Erdbeeren im September?

Auch wenn das Regal regelmäßig frisch aufgefüllt wird, lohnt es sich, möglichst früh aus den Federn zu springen und in die Pedale zu treten. Denn die Nachfrage ist groß. Weshalb sich ganz nebenbei immer wieder eine gern genutzte Gelegenheit zu einem Klönschnack bietet. Kartenzahlung? Fehlanzeige! Nur Bares ist Wahres. Und das alles, ohne sich dabei wie im Supermarkt in eine Schlange an einer Kasse anstellen zu müssen. Denn bezahlt wird nicht an der Kasse, sondern direkt in die Kasse. Sie steht dort und man legt ganz einfach den entsprechenden Betrag hinein. Das passt zu diesem Ort.

TIPP

Regionales und „Gutes von hier und da" sowie ein Café bietet die „Speisekammer" in Wyk auf Föhr.

- Bauernhof/Ferienhaus Schult, Nei Stich 2, 25946 Norddorf auf Amrum, Tel. (0 46 82) 26 81, www.amrum-ferienhaus-schult.de
- ÖPNV: Inselbus Amrum, Haltestelle Norddorf Mitte, mit Fußweg (Fahrplan unter www.faehre.de)

Ungespritzte
Tomaten!
Sorte: Harzfeuer
pro 500g Beutel:
3,00 €
Ungespritzte
Kartoffeln!
Sorte: Belana
2,5 kg Beutel: 3,00 €
Ungespritzte
Möhren!

# Neue Blickwinkel

## 20 Kunst im Atlantis Hotel in Wyk auf Föhr

Kunst inspiriert – und deshalb macht sie glücklich. Umso schöner, dass man sich auf allen Nordseeinseln den unterschiedlichsten Formen künstlerischer Kreativität hingeben kann. Überall laden Galerien und Museen mit diversen Ausstellungen dazu ein. Vorausgesetzt man findet sie, was nicht immer sogleich der Fall ist.

Unerwartet kann einem auch abseits gängiger Kunstoasen schöpferisches Talent begegnen. So wie im Hotel Atlantis in Wyk auf Föhr. In den Räumlichkeiten dort, etwa im Foyer, stellt Petra Kleibömer ihre Werke aus. Sie wohnt seit 2012 auf der schönen Insel und hat hier mit der Malerei zugleich ihr persönliches Glück gefunden. „Fersköwen Biljen" – verschobene Bilder – sind ein Schwerpunkt ihrer Arbeit. Eine Technik, die die Landschaft von Föhr aus einem anderen Blickwinkel zeigt. Im wahrsten Sinne des Wortes ein Perspektivenwechsel. Erst die einzelnen Teile ergeben das große Ganze. Aber auch jedes Teil für sich genommen, ist bereits ein kleines Gemälde. Und sind wir nicht alle selbst ein wenig ein „Fersköwen Biljen"? Unser Leben setzt sich ebenfalls aus vielen kleinen Abschnitten zusammen, die uns erst im Ganzen zu dem machen, was wir sind. Mitunter selbst ein wenig verschoben. Im Rückblick oft erst als Lebensphasen zu erkennen, gibt es dabei glückliche und weniger glückliche Momente. Jeder Abschnitt aber ist wichtig.

**TIPP**
Kontakt zu der Künstlerin über www.petra-kleiboemer.de.

Und so ist auch jedes einzelne Kästchen in den Gemälden von Petra Kleibömer unerlässlich, damit das Werk in seiner Gesamtheit wirkt. Ihre Devise: Sie malt, was sie sieht – nicht das, was sie weiß zu sehen. Sich einfach darauf einlassen und durch die Ausstellung schlendern, vielleicht bei einer Führung, um noch mehr zu erfahren. Von der Kunst, vom Leben und vom Glück. Petra Kleibömer ist erst spät zur Kunst gekommen, die jetzt ihr Leben erfüllt. Das zeigt uns, es ist nie zu spät, den Blickwinkel zu verschieben – und dabei das eigene Glück zu finden.

- Kunst im Atlantis Hotel am Meer, Sandwall 29, Tel. (0 46 81) 59 91 00, 25938 Föhr www.nordseehotel.info
- ÖPNV: Inselbus Föhr, Haltestelle Wyk Mitte oder Friesenmuseum, mit Fußweg (Fahrplan unter www.faehre.de)

# Wolkenverhangen

## 21 Das Waldhusener Tief auf Pellworm

Welche Farbe hat eigentlich das Glück? Sicher nicht rosarot. Hier im hohen Norden kennt man das. Da lässt man sich selbst von einem Grau-in-Grau die Freude nicht nehmen. „Schietwedder" gehört halt dazu. Und mit norddeutscher Gelassenheit kann man sich ganz getrost zurücklehnen: Irgendwann wird es wieder besser. Und überhaupt: Auch Wolken können faszinieren! Wenn man sie einmal beobachtet. Mit ein bisschen Glück geht das besonders gut am Waldhusener Tief. Etwas nördlich zwischen Schardeich und Waldhusen gelegen, ist dieses Areal vor allem als Vogelparadies und Naturschutzgebiet bekannt. Es lohnt sich aber nicht nur deshalb. Gerade wenn das Schmuddelwetter mit der Sonne ringt, sollte man zumindest einen kurzen Halt einlegen. Am besten in den frühen Morgenstunden. Eine geeignete Stelle: In der Nähe der Beobachtungsstation, dort, wo sich das Waldhusener Tief mit dem Bekstrom verbindet, der sich quer durch die Insel bis zum Alten Hafen schlängelt.

Man weiß gar nicht, wohin man zuerst schauen soll: Nach oben oder nach unten? Hier bedachen einen nicht nur die Wolken, sondern sie liegen einem im wahrsten Sinne des Wortes gleichzeitig zu Füßen. Doppelter Genuss – doppeltes Glück. Eine Einladung, ein wenig auf Wolke sieben zu schweben. Faszinierend, wenn sich die Formationen gegenseitig jagen und immer neue Figuren zaubern. Nur für Augenblicke. Unablässig wechselnde Eindrücke, im nächsten Moment schon wieder vergangen. Ob Cumulus-, Cirrus- oder Cumulonimbuswolken und wie sie alle heißen – jede von ihnen hat ihren eigenen Charme. Die Cumuluswolken passen als klassische Schäfchenwolken vielleicht am besten zu den Inseln und Halligen. Wie aus einem Bilderbuch. Doch selbst bei komplett wolkenverhangenem Himmel hat das seinen Reiz. Und dann erhält man zugleich eine Antwort auf die eingangs gestellte Frage nach der Farbe des Glücks. Nein, die gibt es nicht, dafür aber unendlich viele Schattierungen.

- Informationspunkt „Waldhusentief" zwischen Schardeich und Waldhusen gelegen, 25849 Pellworm
- Anfahrt mit dem Fahrrad oder Pkw empfehlenswert

Fahrpläne und weitere Infos unter www.pellworm.de und www.faehre-pellworm.de

# Glückliche Entdecker

## 22 Ein Wandrelief in Norddorf auf Amrum

Wie findet man eigentlich das Glück? Eine Frage, auf die es nicht nur eine Antwort gibt. Natürlich nicht. Das würde dem Glück, das sich ja selbst auf ganz vielfältige Weise zeigen kann, gar nicht gerecht werden. Aber es gibt durchaus ein paar Möglichkeiten, dem persönlichen Glück zumindest ein wenig auf die Sprünge zu helfen. Was dabei auf jeden Fall lohnt: die Ohren zu spitzen und die Augen offen zu halten. Dann stößt man mitunter ganz unverhofft auf die kleinen Nebensächlichkeiten im Alltag, die einem tatsächlich den einen oder anderen unverhofften Glücksmoment bescheren können.

Das könnte beispielsweise klappen, wenn man in Norddorf unterwegs ist, einem der ältesten Dörfer auf Amrum. Etwas abseits gelegen in einer Nebenstraße, ganz in der Nähe des beliebten Restaurants Ual Öömrang Wiartshüs, sozusagen einmal um die Ecke, findet sich an einer Hauswand … ja, was eigentlich? Eine Landkarte?

Man sieht sofort, der Zahn der Zeit hat ein bisschen an dem Objekt genagt. Ist es in die Jahre gekommen? Keineswegs. Eher im Shabby Chic Look hat sich das Relief den Esprit vergangener Tage bewahrt. Es lässt sich natürlich sofort erkennen, worum es geht: Abgebildet ist die Insel Amrum. Doch für eine genaue Orientierung fehlen die Details. Lediglich ein paar Symbole lassen sich ausmachen. Aber die sind nirgends näher erläutert. Vielleicht ist es ein Rätsel? Und warum hängt das Ensemble hier überhaupt? Fragen über Fragen. Die Antworten auf das Wozu und Warum dürfen uns heute aber getrost gestohlen bleiben. Lieber nutzen wir die Zeit für ein kleines, spontanes Ratespiel. Gleich hier und jetzt. Nur für ein paar Minuten. Denn Rätsel lösen macht glücklich. Und Spiele spielen ebenfalls. Für viele ist es sogar der Inbegriff des Glücks, sich mit Spielen die Zeit zu vertreiben. Also los: Was bedeuten die Symbole eigentlich? Wo befinden sie sich genau? Und haben wir sie alle schon besichtigt? Fehlt vielleicht noch etwas, das es auf der persönlichen Amrum-Bucketlist zu entdecken gibt? Ja? Na, dann mal los …

- Wandrelief in Norddorf, Ual Saarepswai 22, 25946 Norddorf auf Amrum
- ÖPNV: Inselbus Amrum, Haltestelle Norddorf Mitte, mit Fußweg (Fahrplan unter www.faehre.de)

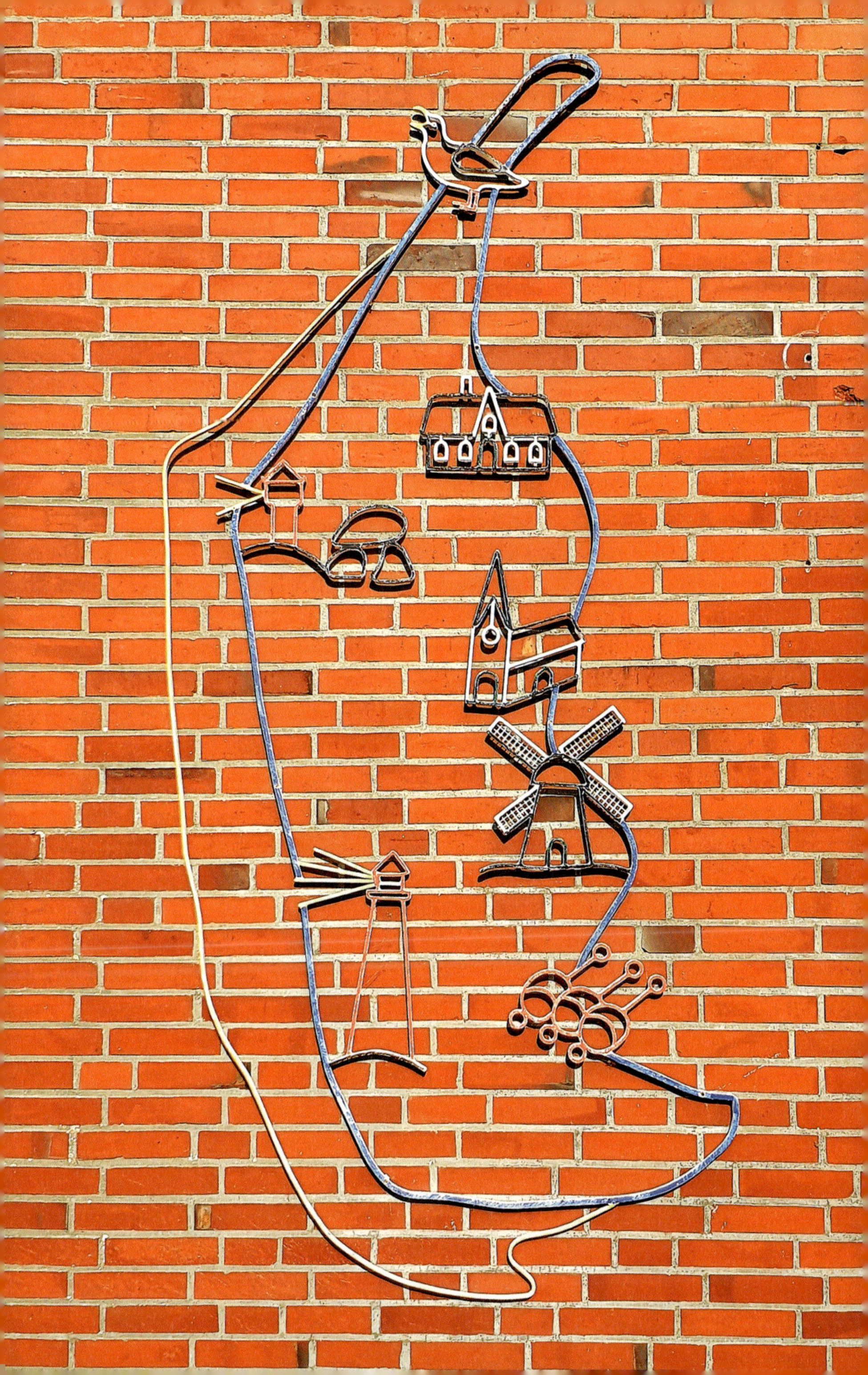

# Einfach herzlich

## 23 Kühe in der Marsch von Föhr

Wer auf Föhr wohnt oder womöglich hier schon seit vielen Jahren Stammgast ist, wird sicherlich bemerken, wie sich das Bild der Insel wandelt. Was an dieser Stelle jetzt weniger eine Bewertung sein soll, als vielmehr eine Bestandsaufnahme. Warum auch nicht? Schließlich ändern sich die Zeiten und mit ihnen das Drumherum. Wie könnte es auch anders sein?

Es gibt aber manches, das bleibt. Das gilt vor allem für eine Gegend auf Föhr, die sowieso weniger von einem Wandel betroffen ist – die Marsch. Schon immer geschätzt als fruchtbares Grün- und Weideland. Wer sich etwa von Wyk in Deichnähe über den Siedlerweg in die Marschlandschaft aufmacht und sich immer Richtung Oldsum hält, wird auf den saftigen Wiesen besondere „Sehenswürdigkeiten" entdecken, die es sich dort, wie eigentlich schon immer, gut gehen lassen und wiederkäuend in ihrer Herde weiden: Kühe – aber nicht irgendwelche. Es lohnt sich, genauer hinzuschauen.

Kühe sind klug, sagt man. Sie haben Gefühle wie wir Menschen. Sie lieben ihre Herde und ihren Nachwuchs, können trauern, miteinander kommunizieren und haben beste Freunde, wie die Tierschutzorganisation Peta einmal in neun faszinierenden Fakten über diese Tiere zusammengestellt hat. Umso lohnender, einmal näher heranzutreten und diese Wesen etwas aufmerksamer zu betrachten. Mit ihren wunderschönen großen Augen scheinen sie einen interessiert anzuschauen. Und wer selbst genauer hinsieht, wird erkennen, dass viele Kühe hier das gewisse Etwas haben. Sie schenken uns nämlich ein Herz. Das geht auf keine Kuhhaut, oder doch? Erstaunlich oft findet sich auf der Stirn tatsächlich eine Blesse in Herzform. Nicht schablonenhaft, sondern individuell. Schon so manchem mag dieser Anblick selbst das Herz geöffnet haben. Und es sollen sogar schon Exemplare mit einer Blesse gesichtet worden sein, die den Umriss von Föhr zeigen. Doch um die auszumachen, braucht es wohl noch ein extra Quäntchen Glück und vor allem Fantasie.

**TIPP**

Einen Ausflug in die Marsch mit einer Stippvisite durch die Boldixumer Vogelkoje verbinden.

- Kühe in der Marsch, zwischen Wyk und Oldsum, 25938 Föhr
- Ein Ausflug mit dem Fahrrad oder Pkw empfehlenswert

# Knorke, diese Knerken

## 24 Auf Hallig Gröde-Appelland

Die Hallig Gröde-Appelland – oder kurz einfach Gröde – ist die drittgrößte Hallig im Wattenmeer. Der Teil Appelland ist jedoch unbewohnt. Das Halligleben spielt sich auf Gröde ab, die sich mit der rheinland-pfälzischen Gemeinde Dierfeld regelmäßig ein Kopf-an-Kopf-Rennen als kleinste selbstständige Gemeinde Deutschlands liefert. Die Bewohner lassen sich etwa an zwei Händen abzählen. Was die Hallig ebenfalls bundesweit bekannt macht: Gröde hat den kleinsten Wahlbezirk. Schon kurz nach Schließung der Wahllokale sind die Stimmen mit einem feststehenden Ergebnis ausgezählt. Klein, aber oho! Mit zur Gemeinde gehört noch die Hallig Habel, etwas östlich gelegen. Sie ist die kleinste Hallig, allerdings nicht dauerhaft bewohnt. Nur in den Sommermonaten ist die Vogelwarte dort besetzt. Urlaubern bleibt nicht mehr als ein Sehnsuchtsblick hinüber.

Auf den Halligen lebt man dicht an dicht. Das prägt. Zusammenhalt und Gemeinschaftssinn sind unerlässlich. Gerade auf einer Hallig wie Gröde, die bis zu dreißig Mal pro Jahr überflutet wird. Aber man ist ja vorbereitet. Wie auf jeder Hallig gibt es Schutzräume. Fest mit meterlangen Pfählen verankert, die in den Wattboden gerammt sind, sind sie im 1. Stock der auf den Warften gelegenen Häuser untergebracht. Für Außenstehende kurios, für die Bewohnerinnen und Bewohner völlig normal. Ebenso normal wie Knerken (oder Knärken). Was das ist? Ein typisches Seefahrergebäck der nordfriesischen Halligen. Wobei jede Halligfamilie ihr geheimes Traditionsrezept bewahrt, das sich in Nuancen unterscheidet. Sie sind hart wie Zwieback und ideal für die Vorratshaltung in stürmischen Zeiten. Die Knerken kann man natürlich gleich an Ort und Stelle probieren. Ganz wie man mag, ob mit einer guten Tasse Tee oder einem Kaffee. Eingetunkt, einfach köstlich! Das Halligleben ist keineswegs nur Entbehrung, sondern auch geprägt vom Genuss, der Kunst der Improvisation und dem Bestreben, das Glück in den einfachen Dingen zu finden.

- Hallig Gröde-Appelland, 25869 Hallig Gröde, www.groede.de
- Informationen zur Anreise unter www.halligen.de und www.nordseetourismus.de

Es braucht nicht viel, um glücklich zu sein
KNERKEN
Friesisches Gebäck nach altem Familienrezept
Hier frisch gebacken
Zutaten:Mehl,Zucker,Sahne,Butter,
Backtriebmittel,Eigelb

# Der Weg ist das Ziel

## 25 Auf Bohlenwegen durch die Amrumer Dünen

„Wir machen den Weg frei!", so lautete – manche werden sich vielleicht noch erinnern – vor Jahren einmal der Werbeslogan einer Bank. Das Bild dazu: Ein Weg, der ins Nichts führt. Oha! Zum Ausdruck kommen sollten damit eigentlich unendliche Möglichkeiten zur Erfüllung aller persönlichen Wünsche. Geld und Glück, zwei Dinge, die sich jedoch nur bedingt vertragen. Wenn man verschiedenen Studien glauben darf, macht Geld selbst nämlich nicht zwingend glücklich. Aber was ist denn dann der Weg zum Glück? Gibt es überhaupt „den" Weg?

Fragen, denen man sich so hingeben kann, wenn man auf Amrum unterwegs ist. Und zwar auf besonderen Wegen, den Bohlenwegen. Die findet man überall: Sie erstrecken sich an der Westseite der Insel durch die weitläufige Dünen- und Kniepsandlandschaft. Auf alten Holzbohlen kann man hier dieses einzigartige Naturparadies erkunden und sich zu Ausflugszielen wie dem Wriakhörnsee und dem Quermarkenfeuer aufmachen oder durch Attraktionen wie die Vogelkoje spazieren. In erster Linie dienen sie aber dem Naturschutz, damit dieser einmalige Landstrich nicht durch zu viele Füße im wahrsten Sinne des Wortes zertreten wird.

Allein auf diesen Wegen zu wandeln, kann begeistern und glücklich machen. Bestens geeignet, um dabei seinen Gedanken freien Lauf zu lassen. Ganz ohne irgendwelche Störungen. Was hier relativ leicht fällt. Mal trifft man Menschen, oft auch nicht. Und dabei bewahrheitet sich einmal mehr das bekannte Bonmot, wonach der Weg das Ziel ist. Was ja ebenfalls in Sachen Glück gilt. Wobei man sich ab und zu dann auch entscheiden muss. Welche Abzweigung nehmen? Ganz so, wie das beim Bohlenweg der Fall sein kann. Aber man kann ja durchaus immer wieder neue Wege wählen. Und dabei lieber nach vorne schauen als zurück. Das lohnt sich sowohl auf den Bohlenwegen in Amrum als auch im Leben.

**TIPP**

Ein Bohlenweg lädt auch nahe Nieblum auf Föhr zu einem Spaziergang ein: entlang eines Wein„bergs".

● Die Bohlenwege ziehen sich von Wittdün bis hinauf nach Norddorf

# Naschen erlaubt

## 26 Im Snupkroom in Oevenum auf Föhr

Ein bisschen ist es wie auf einer Zeitreise. Nicht in die Zukunft, sondern in die Vergangenheit. Entfernte Kindertage. Es ist schon eine besondere Eigenschaft des Menschen, sich vor allem an die schönen Dinge zu erinnern. Das ist auch gut so, um es einmal mit einer neuerdings häufig verwendeten Redensart zu unterstreichen. Und wenn wir so an unsere Kindheit zurückdenken und überlegen, was uns da glücklich gemacht hat, dann sind es oft die kleinen Begebenheiten, die uns einfallen. Mit der Oma backen und danach den Teigschaber ablecken. Im Garten toben, in Pfützen stampfen oder auf der Straße mit Freunden Hinkelkästchen spielen. Und natürlich erinnern wir uns an die eine oder andere Süßigkeit. Hier ein kleines Stück Schokolade, da ein buntes Bonbon. In den Sinn kommt uns dann vielleicht auch Pippilotta Viktualia Rollgardina Pfefferminz Efraimstochter Langstrumpf oder einfach kurz Pippi. Astrid Lindgrens Kinderbuchfigur verkörpert geradezu den Inbegriff an Freiheit, Glück und Lebensfreude, immer verbunden mit einem Hauch von Verwegenheit.

TIPP

Selbermachen macht glücklich, oder? Warum nicht gleich einen Workshop buchen und selbst einmal Bonbons ziehen?

Pippi Langstrumpf war auch der Anstoß für Enke Brodersen, selbst eine verwegene Idee zu verwirklichen. Während Pippi in einem Bonbonladen 18 Pfund gemischte Bonbons kaufte, um sie dann an die Kinder der Stadt zu verteilen, durfte es bei Enke Brodersen gleich etwas mehr sein: eine eigene Bonbonkocherei. Wer heute vor dem Föhrer Snupkroom mit der weißen Veranda steht, mag sich vielleicht sogar ein wenig an die Villa Kunterbunt erinnert fühlen. Wenn man den Snupkroom betritt, tut sich ein ganzes Bonbonuniversum auf. Gelegentlich kann man sogar dabei zusehen, wie diese süßen Köstlichkeiten entstehen: Zucker kochen und die Masse immer wieder kneten und ziehen. Die Bonbonherstellung ist eine Kunst für sich, für die es viel Fingerspitzengefühl und Erfahrung braucht. Und als Zuschauer ist man am Ende doch überrascht über diese kleinen Kunstwerke. Staunen und glückselig ein Bonbon im Mund zergehen lassen …

- Föhrer Snupkroom, Wohlackerum 2, 25938 Oevenum auf Föhr, Tel. (0 46 81) 7 46 21 38, www.foehrersnupkroom.de
- ÖPNV: Inselbus Föhr, Haltestelle Oevenum Gastwirtschaft, mit Fußweg (Fahrplan unter www.faehre.de)

FÖHR

# Süßes im Vorbeigehen

## 27 Marmeladenverkauf in Nebel auf Amrum

Wie sieht eigentlich der perfekte Start in den Tag aus? Vielleicht mit etwas Frühsport, ein paar Achtsamkeitsübungen oder erst einmal eine erfrischende Dusche? Die Morgenrituale, um mit Leichtigkeit den Tag anzugehen, sind so vielfältig. Ein ausgiebiges Frühstück gehört für viele unbedingt mit dazu. Sich wirklich einmal Zeit nehmen. Nicht nur schnell im Stehen den Kaffee runterkippen, geschwind die Müslischale leeren oder hektisch in eine Schnitte beißen. Nein, gelegentlich lohnt es sich, das Frühstück zu zelebrieren. Gern auch mit Familie und Freunden. Kaffee oder Tee, frische Brötchen, Brot mit knuspriger Krume oder vielleicht einem Croissant. Üppig belegt. Oder darf es vielleicht etwas Süßes sein?

Speziell auf Amrum kann man verschiedentlich, vor allem aber in den Inseldörfern Nebel und Süddorf, an vielen Häusern tolle kleine Verkaufsstände finden mit selbst gemachten Marmeladen, manchmal auch anderem Eingekochten oder diversen weiteren Köstlichkeiten. An sich schon ein Glücksmoment, wenn die verzierten Gläser hübsch zurechtgemacht auf alten Stühlen oder an antiken Wagenrädern am Gartenzaun eines alten Friesenhauses stehen. Es lohnt sich anzuhalten und einen Blick darauf zu werfen. Mancher entdeckt vielleicht noch den einen oder anderen Glücksbringer, wie etwa ein Hufeisen. Bei einem solchen Anblick schlägt das Vintageherz gleich höher. Dann sucht man sich vielleicht eine leckere Marmelade aus und steckt das Geld in eine Blechbüchse oder eine kleine Kasse. Vertrauenssache eben. Wieder eine Lektion in Sachen Glück: Man darf nicht nur auf das eigene Glück vertrauen. Man kann durch Vertrauen selbst Glück finden.

Und wer sich dann, wieder zum Frühstückstisch zurückgekehrt, einmal genüsslich mit der Zunge über die Lippen fährt, merkt nicht nur, dass der Tag richtig beginnt, sondern wird sich auch bewusst: Glück kann man ja sogar schmecken. Wie wunderbar.

- Marmeladenverkauf in Nebel, 25946 Nebel auf Amrum
- ÖPNV: Inselbus Amrum, Haltestelle Nebel Mitte, mit Fußweg (Fahrplan unter www.faehre.de)

# Zwischen den Türmen

28

## Die Püttenlandschaft von Pellworm

Manche lästern, Pellworm sei nur ein kleines, plattes Eiland, das wenig zu bieten habe. Gut, wenn man nicht darauf hört. Was würde man nicht alles verpassen? Die Püttenlandschaft beispielsweise. Dieser besondere Landstrich liegt im Südwesten der Insel, dort, wo man zwischen den Türmen unterwegs ist. Welche Türme gemeint sind? Klar, da ist unübersehbar der Leuchtturm. Mit seinen 37 Metern ragt der rot-weiß geringelte Koloss hünenhaft gen Himmel. Für sich genommen schon ein Glücksort. Bekanntermaßen vor allem für Trauwillige, die sich hier in luftiger Höhe und mit Blick auf die See das Ja-Wort geben können. Am Deich entlang geht es Richtung Westen. Links oder besser backbord liegen einem die Nordsee und das Wattenmeer zu Füßen. Und steuerbord? Nur grüne Fläche aus Wiesen und Feldern, was Pellworm auch den Namen Klein-Irland einbrachte? Nein, hier stößt das Auge auf eine einmalige Besonderheit. Es sind viele kleine Teiche, beinahe eine Seenplatte, die es so auf keiner der anderen Inseln gibt: die Pütten. Von Schilf umgeben glitzert das Wasser in der Sonne. Dabei ist dieses idyllische Areal ehemals aus der Not geboren. Um die Insel vor Sturmfluten zu schützen, wurde das Erdreich abgetragen und zum Deich aufgeschüttet. So entstand eine Kraterlandschaft. Für die Landwirtschaft unbrauchbar, wandelten sich die Krater mit der Zeit in zahlreiche kleine Seen, heute ein Schutz- und Glücksgebiet für unzählige Vogelarten. Irgendwann kommt die Tammwarft in Sicht. Ebenfalls ein Kleinod, das sich rings um den Fething schmiegt. Zeit für eine Pause hier. Oder einen kurzen Halt auf dem Tammwarft-Steg auf der anderen Deichseite? Für manche ist der nach eigenem Bekunden der größte Glücks- und Kraftort überhaupt. Und weiter gehts Richtung der „Alten Kirche“ St. Salvator mit einem der Wahrzeichen Pellworms: dem dunkelroten mächtigen Kirchturm. Ehemals war er doppelt so hoch, bis er im Jahre 1611 einstürzte. Inzwischen bietet er Tauben und Turmfalken ein Zuhause. Nein, Pellworm ist alles, bloß nicht eintönig. Zum Glück, denn Abwechslung macht glücklich.

TIPP

Zum Einkehren lädt das Strandcafé auf der Tammwarft ein.

● Püttenlandschaft, Zwischen Leuchtturm und Alter Kirche, 25849 Pellworm
● Anfahrt mit dem Fahrrad oder Pkw empfehlenswert
Fahrpläne und weitere Infos unter www.pellworm.de und www.faehre-pellworm.de

# Ideen mit Steilvorlage

## 29 Eine Kreativoase am Goting Kliff auf Föhr

Es gibt Eigenschaften, die sind zutiefst menschlich. Kreativität zählt dazu. Also schöpferisch und gestalterisch tätig zu sein. Vieles von dem, was einem beim Stichwort Kreativität sofort einfällt, ist mit Hobby- und Freizeitaktivitäten verbunden, wie malen, zeichnen, töpfern, schreiben und manch anderes mehr. Doch Kreativität geht weit darüber hinaus. Sie zeigt sich selbst im Alltag in vielfältiger Weise. Oftmals unbewusst. Weshalb es lohnend ist, der eigenen Kreativität mal wieder auf die Sprünge zu helfen.

Was es dazu braucht? Im Grunde genommen kaum etwas. Viele Orte lassen sich problemlos in kleine Kreativitätsoasen verwandeln. Ein bisschen Fantasie genügt. Im Urlaub geht das natürlich besonders gut. Da hat man etwas zur Verfügung, was der eigenen Kreativität ansonsten manchmal im Wege steht: freie Zeit! Zeit, sich mit Dingen zu beschäftigen, die einem Freude machen. Die Kreativität mal in andere Bahnen lenken. Und dann einfach loslegen: Ein Buch schreiben? Ein Bild zeichnen? Handlettering ausprobieren? Einen neuen Pulli stricken?

Wer einen solchen Ort für sich sucht, könnte am Goting Kliff fündig werden. Namensgebend ist ein kleines Kliff westlich von Goting gelegen, einem Ortsteil von Nieblum. Nicht so imposant wie das auf Rügen, aber immerhin. Eine kleine Steilküste. Mit freiem Blick auf Amrum – wenn die Sicht gut ist. Ein perfekter Rückzugsort. Eine Bank mit Tisch findet sich auch. Wenn einem der Wind ein bisschen um die Ohren pfeift, fliegen die Gedanken so frei wie die Möwen im Wind. Hier kann man sich auf verschiedenste Weise der eigenen Kreativität widmen. Eine kleine Oase, wie gemacht für die eine oder andere Mußestunde. Sich der eigenen Schaffenskraft oder dem Ideenreichtum hingeben – ein „Booster“ für mehr Lebenszufriedenheit und Glück. Und zwischendurch einfach selbst mal eine kreative Pause einlegen und sich ein bisschen hinwegträumen.

TIPP

Wer „glückliche“ Literatur am Goting Kliff genießen will, kann es mal mit Gedichten und Essays von Louise Glück probieren, Literaturnobelpreisträgerin des Jahres 2020.

- Goting Kliff, Ortsteil Goting, 25938 Nieblum
- ÖPNV: Inselbus Föhr, Haltestelle Goting Kliff, mit Fußweg (Fahrplan unter www.faehre.de)

# Farbtupfer im Dünenmeer

## 30 Der Campingplatz auf Amrum

Eine der beliebtesten Möglichkeiten, seine Ferientage zu gestalten, ist für viele immer noch der Campingurlaub. Oft verbunden mit eigenen Kindheitserinnerungen, lässt sich so die schönste Zeit des Jahres verbringen, egal ob allein, zu zweit oder mit der ganzen Familie. Und das vergleichsweise preiswert und ursprünglich. Vor allem aber zwanglos. Ohne viel Schnickschnack und Schickimicki. Dafür mit einem Hauch Freiheit, kombiniert mit einer Portion Abenteuerlust. Ob im Zelt oder Bulli, mit Caravan oder Wohnmobil. Einmal am Zielort angekommen, fühlt man sich sofort heimisch. Unterwegs in der Ferne in einer anderen Welt und doch gleichzeitig daheim.

Vor allem auf Amrum darf das Campingherz höherschlagen. Der Campingplatz nahe Wittdün, zwischen Wriakhörnsee und Leuchtturm gelegen, ist eingebettet in eine einmalige Landschaft zwischen Dünen und Heide. Aus dem Gelb des Dünenmeeres lugen sie hervor, die Farbkleckse der vielen Zelte, die dort aufgestellt sind. Bunte Tupfer in allen möglichen Schattierungen. Hier wohnt man nicht eingepfercht in Parzellen und aufgereiht wie auf einer Perlenschnur. Nein, man darf sein Zelt mitten in den Dünen aufschlagen. Ein Ambiente, wie es wohl nur wenige Campingplätze bieten können. Und so werden die Zelte gespannt, um selbst auszuspannen. Geborgen im eigenen Sandkosmos, unter dem Dach des funkelnden Sternenfirmaments, inmitten der Inselnatur. Und das Meer? Das schnuppert man förmlich. Denn die Wege sind kurz: Nicht nur zum Strand, sondern auch zum Leuchtturm oder zum Wellenbad. Alles ist gut erreichbar.

Wer die Nordsee, das Campen und die Unabhängigkeit liebt, ist hier genau richtig, um glücklich zu werden. Egal ob Groß oder Klein. Und außerdem der perfekte Startpunkt, um sich aufzumachen, die Insel Stück für Stück zu erobern.

**TIPP**

Glücklich campen kann man auch auf Pellworm und mit dem Wohnmobil in Utersum auf Föhr.

- Dünencamping Amrum, Inselstraße 125, 25946 Wittdün auf Amrum
  Tel. (0 46 82) 5 11 97 70, www.camping-amrum.de
- ÖPNV: Inselbus Amrum, Haltestelle Wittdün Zeltplatz
  (Fahrplan unter www.faehre.de)

P

# Märchenhaft verwunschen

## 31 Ein Drachenbrunnen in Wyk auf Föhr

„Es war einmal …". Nur drei Worte. Und doch weiß jeder gleich, worum es geht: Märchen. Geschichten der Kindheit, die uns bis heute vielfach vertraut sind. Oft war ein wenig Gruseln mit dabei, aber – und das ist das Schöne an Märchen – am Ende wird doch alles gut. Die Prinzessin findet ihren Prinzen, der Wandersjunge findet wieder nach Hause oder ein armes Mädchen findet den großen Goldschatz. Und alle sind happy.

Oft spielen auch Drachen eine Rolle. Die sind in vielen Kulturen bekannt. Ein solcher Drachen ist ein ganz besonderes Wesen, das mit seinem geschuppten Körper und seinen Flügeln an eine Mischung aus Reptil und Vogel erinnert. In westlichen Kulturen wird er vielfach als Ungeheuer dargestellt, das es zu besiegen gilt. Aber es geht durchaus anders. Im ostasiatischen Raum beispielsweise verfügen Drachen über viele positive Charakterzüge. Und damit sind sie echte Glücksbringer.

TIPP

Weitere Pfannkuchenleckereien bekommt man im Dat-Watt-Rock-Café - Pannkokenhus in Tammensiel auf Pellworm.

Vielleicht mag man sich hier im Prinzen-Hof und Pfannkuchenhaus gerade einen solchen Glück bringenden Drachen vorstellen. Wenn man an einem sonnigen Tag in dem verwunschenen Garten Platz nimmt. Ganz in der Nähe des bunten, alten Kinderkarussells – ein mehrstöckiger Brunnen. Und im Anflug ein Drache. Er sieht nicht unfreundlich aus. Was er wohl will? Die kleinen und großen Gäste bewachen? Oder gar einen verborgenen Schatz? Die Krone auf dem Brunnen könnte darauf hindeuten.

Hier am Brunnen sitzen, das Wasser plätschern hören, den Drachen bestaunen und sich dabei märchenhaft verwunschen fühlen. Auch eine Art von Glück. Und im Prinzen-Hof ist das Programm. Nicht ohne Grund haben die Prinzen – die Eigentümer heißen wirklich so – den Frosch zur Leitfigur erkoren. Wurde nicht aus einem Frosch – schwupps – ein wunderschöner Prinz? Und wer sich dann noch eine der Leckereien gönnt, ist sogleich im nächsten Märchen, nämlich dem vom dicken, fetten Pfannkuchen. Und das beginnt so: „Es lebten einmal ein Mann und eine Frau …".

- Das Pfannkuchenhaus im Prinzen-Hof am Südstrand, Gmelinstraße 29, 25938 Wyk auf Föhr, Tel. (0 46 81) 7 67, www.prinzen-hof.de
- ÖPNV: Inselbus Föhr, Haltestelle Gmelinstraße/Strandstraße (Fahrplan unter www.faehre.de)

# Dorfidyll im Wattenmeer

32

## Auf Hallig Oland

Ob es glücklich machen würde, sich auf eine Zeitreise zu begeben? Ein Aufenthalt auf Oland, eine der ältesten nordfriesischen Halligen, könnte eine Antwort geben. Hier lässt sich ein Dorfidyll als echter Mikrokosmos erleben – und das mitten im Wattenmeer. Klar, auch andernorts finden sich wunderschöne kleine Dörfchen, die zum Entspannen einladen. Und doch bietet Oland ein ganz besonderes Flair. Hier ist alles noch etwas ursprünglicher. Schon die Anreise selbst kann da zum Mikroabenteuer werden, das ein glückseliges Staunen hinterlässt. Das eigene Auto direkt vor der Ferienwohnung parken? Ausgeschlossen. Die Hallig ist autofrei. Und eine Fähre gibt es auch nicht. Da ist Planung gefragt. Für einen Kurztrip als Tagesgast eignet sich eine Tour mit dem Ausflugsschiff von Schlüttsiel. Wer als Übernachtungsgast bleibt, wird vielleicht in den Genuss einer Fahrt mit einer Lore auf dem Lorendamm kommen. Der führt von Dagebüll zur Hallig.

TIPP

Eine Stippvisite bei den großen Brüdern des kleinen Leuchtturms auf Amrum und Pellworm.

Wie immer man auch nach Oland gelangt, einmal angekommen, ist man sogleich verzaubert. Ein ganzes Dorf auf einer einzigen Warft gebaut. Neben kleinen friesischen Reetdachhäusern gibt es auf engstem Raum alles, was man als Städter von einem Dörfchen mitten im Meer erwartet: eine Gaststätte, eine Kirche, eine Schule und – natürlich – einen Leuchtturm. Der ist mit seinen 7,45 Metern übrigens der kleinste Deutschlands und der einzige reetgedeckte Leuchtturm Europas. Wäsche flattert im Nordseewind, um später im Schrank noch lange frisch zu duften. Auch so eine Zeitreise in Gedanken: Wie war das noch mit dem Weißen Riesen in der Fernsehwerbung? Nur … wo ist der Dorfladen? Den gibt es nicht vor Ort. Geliefert wird alles vom Festland. Womit man gleich wieder im Hier und Jetzt ist. Denn bestellt wird per Mausklick. Die gute alte Zeit trifft auf die Annehmlichkeiten der neuen Zeit. Vielleicht es die Mischung aus zwei Welten, was hier glücklich macht.

● 25869 Hallig Oland, www.langeness.de
Informationen zur Anreise unter www.halligen.de und www.nordseetourismus.de

# Einen Gang runterschalten

33

## Unterwegs mit Paul und Paula auf Amrum

Wer auf Amrum unterwegs ist, hat mehrere Möglichkeiten, sich von A nach B oder besser von Wittdün nach Norddorf aufzumachen. Sei es mit dem Fahrrad, dem Auto, per Bus oder per pedes. Was heute nicht mehr geht – früher aber einmal möglich war –, ein Trip mit der Amrumer Inselbahn. Ein wenig Inselgeschichte: Amrum hatte als einzige Insel im Wattenmeer eine eigene Schmalspurbahn. 1893 ging sie erstmals auf die Schiene. Drei Jahre nach Gründung des Hafenorts Wittdün. Inselgäste brachte sie bequem von ihren Quartieren zum Strand. Damals ein voller Erfolg, weshalb das Streckennetz stetig erweitert wurde. Bis hinauf nach Norddorf und dort bis zum damaligen Kniepsandhafen wurden Gleise gebaut und mit zusätzlichen Abzweigungen versehen. Insgesamt war so nach und nach ein mehr als 14 Kilometer langes Streckennetz entstanden.

TIPP

Einen Gang raufschalten kann man auf dem FöhrRing, Deutschlands nördlichster Outdoor-Kartbahn, in Wyk auf Föhr.

Aber die Bahn, die mal elektrisch und mal mit Dampf betrieben wurde, hatte viel zu kämpfen. Speziell mit Sand und Dünen sowie den wiederkehrenden Sturmfluten. Häufig mussten die Trassen verlegt werden. So kam es, wie es kommen musste. Im Oktober 1939 wurde der Betrieb eingestellt. Zu teuer und zu langsam war die Bahn. Wie oft wurde gespöttelt: „Es rüttelt und schüttelt und kommt nicht voran, das ist die Amrumer Inselbahn!" Ganz vergessen wurde das Inselbähnchen nie und heute kann man zum Glück wieder mit ihr fahren, wenn auch auf Gummireifen. Der blau-weiße „Inselpaul", eine bereifte „Lokomotive" mit zwei Anhängern, fährt heute Touristen binnen 70 Minuten über die ganze Insel. Nicht auf Schienen, sondern auf Asphalt. Aber immer noch ganz, ganz langsam, was sich in diesem Fall wirklich auszahlt und tatsächlich ein Genuss ist. Fast wie in alten Zeiten. Und damit Paul nicht so alleine über die Insel tuckern muss, hat er inzwischen eine treue Gefährtin an seiner Seite. Die „Inselpaula", ein knallroter Doppeldeckerbus, der London-Feeling nach Amrum bringt. Und wenn die beiden Feierabend haben, stehen sie einträchtig in einem schönen Garten in Nebel. Der Paul und die Paula.

- Amrumer Inselbahn, Uasterstigh 18, 25946 Nebel auf Amrum, Tel. (0 46 82) 94 97 0 www.amrumer-inselbahn.de (Startpunkte: Wittdün Fähranleger, Nebel Hotel Friedrichs, Norddorf Bushaltestelle Kurverwaltung)
- ÖPNV: Inselbus Amrum, Haltestellen Wittdün Fähranleger, Nebel Mitte, Norddorf Mitte (Fahrplan unter www.faehre.de)

Inselrundfahrten
der besonderen Art
PAULA
NF IP 320

# Glück aus der Tasse

## 34 Friesisches Theehaus in Nieblum auf Föhr

Wenn man sich einmal umhört, was denn so alles typisch sei für den hohen Norden, dann fällt ein Stichwort garantiert irgendwann: Tee. Wie das friesische Nationalgetränk überhaupt hierherkam, weiß allerdings niemand genau. Gesichert ist lediglich, dass im 17. Jahrhundert Schiffe der Niederländischen Ostindien-Kompanie erstmals Tee nach Europa brachten. Wie dann die Nordfriesen auf den Geschmack kamen? Vielleicht war es ja wirklich so, wie in der alten Geschichte, die man sich erzählt: 1735, so war einmal im Hamburger Abendblatt zu lesen, strandete ein mit Tee beladenes Schiff vor Amrum. Sehr zur Überraschung der Insulaner. Was tun mit dem Strandgut? Im Zweifel: Die Teeblätter kochen – und die braune Suppe entsorgen. So recht gemundet haben sollen die übrig gebliebenen Teeblätter aber nicht. Aber das ist Geschichte.

Inzwischen wird alles um den Tee herum zelebriert. Wer in eine ganz eigene Welt abtauchen möchte, in eine Welt der Düfte und Genüsse, dem sei das Alte friesische Theehaus empfohlen. Es lässt sich gar nicht verfehlen. Direkt an der Durchfahrtsstraße von Nieblum gelegen, an der Jens-Jacob-Eschels-Straße (benannt nach einem berühmten Kapitän des Dorfes, der nicht zuletzt für seine Autobiografie bekannt ist).

**TIPP**

Wer noch eine passende Kerze braucht: Die lässt sich gleich um die Ecke in der Föhrer Kerzenscheune selbst „ziehen".

Hereinspaziert. Umgeben von der urigen Atmosphäre eines traditionellen reetgedeckten Friesenhauses mit Holzregalen und Körben auf alten Steinböden. Ein typisches Friesenhaus eben, dem man gern den Stempel „authentisch" aufdrückt. Erst einmal die Augen schließen. Sofort betört ein unvergleichlicher Duft die Sinne! Neben Tee, Kaffee und Kräutern, finden sich weitere Genussmittel, wie Essige, Öle und Gewürze oder auch allerlei Edelsteinprodukte. Was für eine Auswahl! Gut, dass vieles erklärt wird. Einfach einmal alles auf sich wirken lassen. Wer will, kann das übrigens bei einer Tasse Tee gleich hier tun. Der Duft, das Aroma – Glück, das sogar in einer Tasse Platz findet.

- Altes friesisches Theehaus, Jens-Jacob-Eschel-Straße 13, 25983 Nieblum, Tel. (0 46 81) 29 30, www.theehaus.de
- ÖPNV: Inselbus Föhr, Haltestelle Nieblum Tankstelle, mit Fußweg (Fahrplan unter www.faehre.de)

rkältungsecke
Kräutertee
100g: € 3,90
250g: € 9,30
500g: € 17,80
Gute Besserung
705. Frische Brise
707 Friesenwind
Unsere Tees für Allgemeinbeschwerden sind Tees, welche die Behandlung unterstützen
Was unsere Großmütter bei Husten für Rezepte hatten, finden Sie bei uns
Griechischer Bergtee
712. Gute-Puste
713. Wiesenkräuter

# Einfach himmlisch

## 35 Die Himmelstreppe(n) auf Pellworm

Pellworm, so drückte es die bekannte Pellwormerin Emmy Jensen einmal aus, sei das Vorzimmer des Himmels. Sie muss es wissen. Immerhin ist sie als die Himmelsmalerin bekannt. Sie spielt damit auf etwas an, was Pellworm gegenüber den anderen Inseln heraushebt: Der Deich und die Deichtreppen – oder kann man sagen Himmelstreppen?

Der Himmel fasziniert, nicht wahr? Da überrascht es nicht, dass viele Wege hinaufführen. Auch andernorts, wie etwa die Himmelsleiter am Ende eines wunderschönen Bohlenwegs in der Nähe von Norddorf auf Amrum. Himmelstreppen lassen sich beispielsweise im Sauerland am Hennedamm erklimmen oder im Teufelsmoor bei Hamburg. Und auch das gibt es: Himmelstreppe ist der Name einer Schmalspurbahn zwischen St. Pölten und Mariazell.

Da befinden sich die Himmelstreppen auf Pellworm ja in illustrer Gesellschaft. Insgesamt sieben sollen es sein. Wer will, mag nachzählen. Auf jeden Fall eine märchenhafte Zahl. Wie war das noch mit den sieben Zwergen oder den sieben Geißlein? Und wenn man happy ist, befindet man sich dann nicht im siebten Himmel? Eben!

Die Himmelstreppen hier auf Pellworm kommen schlicht daher. Ein paar Stufen, ein Geländer und unten ein Gattertor, damit die Schafe auf dem Deich bleiben. Die sind dem Himmel stets ein Stück näher. Steht man vor einer solchen Treppe und blickt hinauf, dann ist es, als küsse die Erde den Himmel. Ein Eindruck, den man auf sich wirken lassen sollte. Und der immer wieder neu ausfällt. Schließlich zeigt sich auch der Himmel selbst jeden Tag anders. Mal blau, mal grau, mal dicht verhangen, mal strahlend in gleißendem Sonnenlicht.

Und nun? Da ist die Sache mit der Erwartung. Was wird einen am Ende der Treppe heute erwarten? Das Watt, das Meer oder vielleicht sogar ein Sonnenuntergang in der Abenddämmerung? Erwartungen sind eng mit dem eigenen Glück verbunden, zu hohe werden schnell enttäuscht. Offen sein, sich auf etwas einlassen, kann einen positiv überraschen. Mit dieser Einstellung kann es weit hinaufgehen. In Siebenmeilenstiefeln.

- Himmelstreppe bei der Alten Kirche, 25489 Pellworm
- Anfahrt mit dem Fahrrad oder Pkw empfehlenswert

Fahrpläne und weitere Infos unter www.pellworm.de und www.faehre-pellworm.de

# Hundeglück

## 36 Am Hundestrand in Utersum auf Föhr

Der unvergessene Heinz Rühmann sagte einmal: „Man kann auch ohne Hund leben, aber es lohnt sich nicht." Nicht ohne Grund gelten Hunde als die besten Freunde des Menschen, die einen durch Dick und Dünn begleiten. Und damit ist im Grunde genommen schon viel zum Glück selbst gesagt.

Wer mit Hund reist, ist auf den Inseln gut aufgehoben. Vor allem auf Föhr, das sich selbst betont tierfreundlich gibt, was sich nicht nur an dem eigenen Magazin „Tierisches Föhr" zeigt. Tatsächlich begegnen Hunde einem dort gerade in der Hauptsaison auf Schritt und Tritt – beinahe schon überraschend oft. Obwohl, warum überraschend? Auch sie freuen sich ja über einen tollen Urlaub. Natürlich. Und wo kann sich ein Hund besser erholen von seinem Stress mit Frauchen und Herrchen als an der See? Extra ausgewiesene Unterkünfte, in denen Hunde ausdrücklich willkommen sind, gibt es viele. Ebenso findet sich nahebei alles, was man braucht, für den täglichen Bedarf mit dem Vierbeiner – das eine oder andere Leckerchen inbegriffen. Man will ja gut gestärkt sein, um zu toben. Also ab zum Hundestrand.

TIPP

Für das Wohl der Vierbeiner sorgen „Futter und mehr" in Nieblum und „Bohn Küche & Tafel" in Wyk.

Solche extra ausgewiesenen Bereiche finden sich auf Föhr an verschiedenen Stellen. Beispielsweise in Utersum. Auf dem weißen Sandstrand zwischen Dünen und Meer können sich die geliebten Vierbeiner den Wind um die Nase wehen lassen. Und los geht's auf Entdeckungstour. Ob großer Hund oder kleiner Hund, reinrassig oder Mischling, ob Urlauberhund oder friesischer „Houn", ob es der Hund lieber gemächlich mag oder wild über den Strand „flummen" will – alles ist möglich. Während die Vierbeiner auf der Insel mit Rücksicht auf die Zweibeiner fast überall an der Leine zu führen sind, geht es hier ohne. Und schnell hat sich vielleicht ein kleines verschworenes Rudel gebildet. Dann reingestürzt in die Fluten. Ebenso wunderbar ist es, bis zum Bauch im Wattschlick zu stehen und sich danach ausgiebig zu schütteln. Schnell ein Blick zu Frauchen oder Herrchen – und weiter geht's. Glücklicher Hund – glücklicher Mensch.

- Hundestrand, Parkplatz, Kurmittelhaus Utersum, Klaf 2, 25938 Utersum (ca. 10 min Fußweg bis zum Hundestrand an der Surfschule)
- ÖPNV: Inselbus Föhr, Haltestelle Utersum Mitte, mit Fußweg (Fahrplan unter www.faehre.de)

# „wein und meehr“

## 37 Die Post in Nebel auf Amrum

In Zeiten von E-Mails und Social Media ist die gute alte Post ja fast schon ein Relikt. Dabei ist sie wie kaum eine andere Institution direkt mit dem Unterwegssein, mit Urlaub und Reisen verbunden. Etwa, um die Lieben daheim mit Ansichtskarten zu beglücken. Vor der Motorisierung wurden Postkutschen nicht nur für die Postsendungen, sondern auch häufig von zahlenden Fahrgästen genutzt, um von einer Poststation zur nächsten zu reisen. Da überrascht es nicht, dass nahe der Postämter Herbergen und Schankhäuser entstanden. Der Name „Zur Post“ zeugt noch heute davon. Doch die Zeiten haben sich gewandelt. Wer heutzutage Briefe und Pakete versenden möchte, hat es häufig nicht leicht. Viele Filialen sind geschlossen, andere als „Shop im Shop“ zu finden. Da wird der Gang zur Post oft zu einem – nicht immer ganz stressfreien – Abenteuer.

Auf Amrum geht es anders zu, genauer gesagt in Nebel. Andrés „wein und meehr“ ist zwar eine Poststelle – aber eigentlich noch viel mehr. Fernab von E-Mails oder Social-Media-Stress ist dieser Ort ein Inbegriff lebendiger Begegnung und auf der Insel nicht ohne Grund eine echte Institution. Eine Poststelle zum Wohlfühlen, gleichermaßen beliebt bei Einheimischen und Gästen – wenn man denn von ihr weiß. Für viele ist es ein Geheimtipp.

Vorgefahren wird heute nicht in der Postkutsche mit Pferdegespann, sondern eher mit dem eigenen Drahtesel. Abends schnell noch den Brief zur Post gebracht und dann … nein, nicht gleich weiter. Hier kann man stöbern. Zwischen allerlei Krimskrams. Vielleicht findet man noch etwas Nützliches? Was man eben so braucht auf einer Insel. Egal ob Sonnenmilch oder Sandspielzeug.

Vor allem aber kann man hier einen Abend in aller Ruhe und ohne Hektik ausklingen lassen. Bei einem Gläschen Wein. Die Auswahl ist beeindruckend. Also ab in den gemütlichen Vorgarten oder ein Plätzchen in einem der Strandkörbe gesucht und unbeschwert plaudern. Etwas Zeit mitbringen, einen Gang runterschalten und den Augenblick und diesen Ort der Begegnung genießen.

TIPP

Die Nordsee hat sogar ihr eigenes Weinanbaugebiet: das Weingut Waalem nahe Nieblum auf Föhr.

- wein und meehr, Strunwai 6, 25946 Nebel auf Amrum, Tel. (0 46 82) 9 61 40 1 www.weinundmeehr.de
- ÖPNV: Inselbus Amrum, Haltestelle Nebel Mitte (Fahrplan unter www.faehre.de)

DHL
Postbank
wein&meehr
eiskalt

# Traumhaft

## 38 Das Haus Redlefsen in Wyk auf Föhr

Wenn man über den Sandwall in Wyk schlendert und die Menschen nach ihrem persönlichen Glücksort auf Föhr fragt, wird ein Ort häufiger genannt. Was vor allem dann aufhorchen lässt, wenn man ihn selbst gar nicht auf dem Schirm hatte. So wie etwa das Haus Redlefsen am Hamburger Wäldchen in Wyk. Zu finden am Ende der Strandpromenade am Südstrand. Ein bisschen oberhalb und verdeckt gelegen, wird es oft übersehen. Aber für viele ist es augenscheinlich ein Glücksort. Oder sogar ausdrücklich „der" Glücksort schlechthin. Doch warum? Ein paar Erklärungsversuche: Das schmucke Reetdachhäuschen direkt am Wasser ist bekannt als Drehort der ARD-Filmserie „Reiff für die Insel", die seit vielen Jahren auf Föhr produziert wird. Im Film wohnen dort die Hauptfigur, Katharina Reiff, sowie ihre Mutter und Tochter. Für alle eingefleischten Fans der Serie ist es natürlich ein „Muss" hierherzukommen. Die Orte der fiktiven Welt einmal ganz real zu erleben. Vielleicht sogar ein „meet & greet" mit der Filmcrew? Was wäre das für ein Glück!

Doch das dürfte nicht der einzige Grund sein. Selbst wenn man mit TV-Stars und Sternchen so gar nichts am Hut hat, lohnt es sich, das Gebäude einmal zu betrachten, etwa bei einer Wanderung am Strand entlang von Nieblum nach Wyk. Natürlich aus gebotener Entfernung, denn es befindet sich in Privatbesitz und man will ja nicht stören, indem man sich die Nase am Fenster platt drückt. Aber ein bisschen träumen lässt sich auch auf Distanz. Und dafür bietet das Domizil eine überaus willkommene Gelegenheit.

Aber vielleicht nicht unbedingt nur der Traum vom Haus selbst. Wie steht es denn eigentlich sonst um die eigenen Träume und Ziele? Gibt es welche? Das wäre unter Glücksaspekten ein Treffer. Denn Ziele im Leben anzugehen, macht bereits glücklich. Und dabei manchem Sturm trotzen, wie dieses Haus es bestimmt schon oft getan hat. Davon könnte es sicher ausgiebig erzählen. Aber das sind wieder andere Geschichten.

- Haus Redlefsen am Hamburger Wäldchen, zwischen Südstrand und Flughafen, 25938 Wyk auf Föhr
- ÖPNV: Inselbus Föhr, Haltestelle Gmelinstraße/Strandstraße oder Jugendherberge, mit Fußweg (Fahrplan unter www.faehre.de)

# Aus Alt mach Neu!

39

## Im Wandelbar auf Pellworm

Für unsere Großeltern war es selbstverständlich, Dinge zu konservieren, zu erhalten und zu reparieren. Und sie nicht gleich zu entsorgen, bloß weil etwas nicht mehr funktionierte oder eventuell nicht mehr gefiel. Eine Einstellung, die heutzutage, in einer Zeit, in der alles jederzeit verfüg- und ersetzbar ist, verloren zu gehen scheint. Doch gibt es inzwischen ein Umdenken. Selbst gemachte Marmeladen, Repair-Cafés als Selbsthilfewerkstätten, um kleinere Alltags- und Gebrauchsgegenstände wieder flottzumachen oder auch die Überlegung, gebrauchten und vielleicht schon etwas abgegriffenen Möbeln oder Kleidungsstücken eine (neue) Bestimmung zu geben. Vintage beziehungsweise Upcycling ist in aller Munde. Aus scheinbar Nutzlosem soll wieder etwas Schönes werden. Aufwertung statt Verwertung.

TIPP

Besonderes Upcycling auf Kiter- und Meeresart findet sich im Blum Design Atelier in Wyk auf Föhr.

Klingt gut? Dann lohnt ein Besuch bei Tina Zetl im Wandelbar. Auf ihrem etwas abseits gelegenen Hof hat sich die ehemalige Buchhändlerin neu erfunden. Oder gewandelt. Hier lebt sie mit ihrer Familie. Und hier hat sie ihren Wunsch, etwas Kreatives zu machen, mit dem „Wandelbar" umgesetzt und sich damit einen Traum verwirklicht. Alte Möbel erweckt sie aus ihrem Dornröschenschlaf und macht so aus Aschenputtel eine schöne Prinzessin. Ob Kommode, Garderobe, Schrank, Lampe oder Bank … mit Liebe und viel Geschick wird so aus manch „ollem Teil" wieder ein Schmuckstück. Den Dingen eine zweite Chance geben. Unikate und keine Massenware. Jedes Teil ein Blickfang für die Wohnung. Denn Zuhause ist kein Ort, sondern ein Gefühl, wie Tina Zetl auf ihrer Homepage selbst schreibt.

Und womöglich kommt man bei alldem ja auf den Gedanken, es ihr gleichzutun. Gern auch erst mal im Kleinen. Vielleicht erhält dann ein alter Gegenstand, der eigentlich schon längst entsorgt werden sollte, neuen Glanz. Mit einfachen Mitteln aufgepimpt. Etwas selbst gestalten. Eine besondere Form von Glück.

● Wandelbar, Möbel und Raumgestaltung, Liliencronweg 15, 25849 Pellworm, Tel. (01 76) 21 25 96 71, www.wandelbar-pellworm.de

● Anfahrt mit dem Fahrrad oder Pkw empfehlenswert

Fahrpläne und weitere Infos unter www.pellworm.de und www.faehre-pellworm.de

ALLES IST
WANDELBAR
640 m

# Wie gemalt

## 40 Seerosen im Mühlenpark in Wyk auf Föhr

Sie sind weltberühmt: die Seerosen von Claude Monet (1840–1926). In zahlreichen Gemälden hat er sie verewigt. Die Originale lassen sich in namhaften Museen in Paris oder New York bewundern und sind beliebte Motive für Poster oder Postkarten. Durch das Spiel von Licht und Schatten strahlen sie nicht nur viel Ruhe aus, sondern begeistern ebenso durch ihre Farben.
Ach ja, die Ruhe. Weg von aller Betriebsamkeit und doch gar nicht weit ab vom Hotspot des Trubels auf Föhr, dem Sandwall, lässt sich ein schöner Rückzugsort im liebevoll angelegten Mühlenpark an der Mühlenstraße in Wyk finden. Wie es der Name schon sagt, liegt er ganz in der Nähe der Wyker Mühle, tatsächlich nur wenige Minuten vom Sandwall entfernt. Auf zu einem kleinen Sparziergang!

TIPP

Ein Abstecher ins Restaurant Gode-Wind gegenüber dem Mühlenpark. Lieber vorbestellen.

Der Mühlenpark ist wie eine kleine Oase, die mit manchen Details überrascht. Kräuterfans kommen dort ebenso auf ihre Kosten wie Kunstinteressierte. Womit wir direkt wieder bei Monet wären. Nicht nur, dass er selbst viel gereist ist und seine Eindrücke in zahlreichen Reisebildern festgehalten hat. Sondern natürlich gerade wegen der Seerosen. Denn einen Seerosenteich, den gibt es auch hier. Wie bei Monet finden Ruhe und Farbenspiele zueinander. Was sich zur Blütezeit von Juni bis August im Original natürlich noch viel leuchtender präsentiert als auf der Leinwand. Und das Schöne: Man braucht also nicht unbedingt in die Normandie zu reisen, um Monets Seerosenteich in seinem von ihm selbst gestalteten Garten in Giverny zu besuchen. Der ist heute natürlich ein Touristenmagnet und im Gegensatz zum Seerosenteich im Mühlenpark wird man dort kaum für sich die Muße genießen können. Und Zeit zu finden, um vielleicht auch über Malerei und Glück nachzudenken und schließlich bei der Frage zu landen, wie es denn beispielsweise damit wäre, mehr Farbe ins eigene Leben zu bringen?

- Mühlenpark, 25938 Wyk auf Föhr
- ÖPNV: Inselbus Föhr, Haltestelle Wyk Friesenmuseum, mit Fußweg (Fahrplan unter www.faehre.de)

# Gänse und Nils Holgersson

## 41 Salzwiesen auf Pellworm

Es gibt Orte, die man nur selten bewusst in den Blick nimmt. Weil sie sich gar nicht sofort als Glücksorte zu erkennen geben. Der Abschnitt zwischen Tiefwasseranleger und Altem Hafen gehört dazu. Nur ein Stück schnurgerade Straße. Symbolisch für das Kommen und Gehen auf Pellworm. Abenteuerlich allerdings, wenn sie einmal überflutet wird. Der Ort, um den es hier geht, ist jedoch gar nicht die Straße selbst, sondern die danebengelegenen Salzwiesen. Von vielen allenfalls mal mit einem flüchtigen Blick gewürdigt. Schade eigentlich, handelt es sich doch um einen wichtigen Lebensraum für Tiere und Pflanzen. So zum Beispiel für den Queller, den Spargel des Meeres, wie er auch genannt wird, der als Salat oder Pesto angerichtet, einen allein schon glücklich machen kann. Eine Delikatesse ist er ebenso für Tiere, beispielsweise für die Wildgänse. Die sind ja aus dem Bild von Pellworm gar nicht wegzudenken. Gerade Reisende dürften sich ihnen sogar in besonderer Weise verbunden fühlen. Wenn ein ganzer Schwarm an Gänsen über einen hinwegfliegt, wem kommt da nicht sogleich „Die wunderbare Reise des kleinen Nils Holgersson mit den Wildgänsen" in den Sinn, das wohl populärste Buch der schwedischen Schriftstellerin Selma Lagerlöf (1858–1940). Eine bemerkenswerte Autorin, die sich zudem politisch und sozial sehr engagierte. 1909 dann die Krönung ihres Schaffens: Als erste Frau überhaupt erhielt sie den Literaturnobelpreis.
Doch zurück zu Nils Holgersson: Zunächst unfreiwillig macht er sich auf dem Rücken des zahmen Gänserichs Martin auf zu manchen Abenteuern. In dem Buch erzählt die Autorin nicht nur über ihre schwedische Heimat, sondern auch über die Freundschaft und das Entdecken. Aspekte, über die es sich nachzudenken lohnt, wenn man wieder einmal einer Schar Gänse begegnet. Etwa bei einem Blick über die Salzwiesen zwischen Tiefwasseranleger und Hafen. Um dann selbst aufzubrechen: zu Entdeckungstouren auf Pellworm.

● Zwischen Alter Hafen/Tammensiel und Tiefwasseranleger, 25849 Pellworm
● Anfahrt mit dem Fahrrad oder Pkw empfehlenswert
Fahrpläne und weitere Infos unter www.pellworm.de und www.faehre-pellworm.de

# Frisch gepult

42

## Das Steuerhaus No 1 auf Amrum

Wenn die Fahne gehisst ist, weiß jeder auf der Insel, was das bedeutet: Die nächste Ladung Krabben ist da und das Steuerhaus No 1, die Verkaufsstelle des Kutters Butjadingen, hat geöffnet. Früher in Steenodde, kann man jetzt im Steuerhaus No 1, direkt im Seezeichenhafen von Wittdün, Krabben kaufen. Für viele die erste Adresse: Lange vor Öffnung hat sich eine stattliche Schlange gebildet, in der man geduldig auf die fangfrischen Köstlichkeiten wartet. Das Steuerhaus No 1 ist eine Institution auf Amrum. Frischer als hier geht's nicht.

Wer das eine oder vielleicht sogar andere Kilo ergattert hat, muss zunächst herausfinden, wie er überhaupt an das Innere der Delikatesse gelangt. Denn den Krabben – auch Nordseegarnelen, Porren oder Granat genannt – muss man erst einmal beikommen. Dabei ist Fingerspitzengefühl gefragt. Zwar sind die Krabben gar gekocht, aber fertig gepult? Fehlanzeige. Es bedarf ein wenig Handfertigkeit und Geduld, um das Glück eines Krabbenbrötchens, einer Scholle mit Krabben oder ein Krabbenrührei genießen zu können. Wie sagt man, ohne Fleiß kein Preis.

Und wie geht das nun? Den Bogen hat man schnell raus: Mit Daumen und Zeigefinger fasst man die Krabbe beim Schopf. Behutsam, nicht zu stark drücken. Nun mit denselben Fingern der anderen Hand nimmt man das Ende der Krabbe und den hinteren Teil des Panzers ab. Sodann das Krabbenfleisch herauslösen. Und voilà! Manch einer lebt dabei direkt von der Hand in den Mund. Warum auch nicht. Die Schalen der Krabben auf keinen Fall entsorgen! Aus ihnen lässt sich nämlich noch ein schmackhaftes Krabbensüppchen zubereiten.

Das meist überschaubare Resultat nach dem ersten Krabbenpulen sollte man zu schätzen wissen. Nicht nur aus Achtung vor den Tieren, sondern auch aus Respekt vor einem echten Knochenjob. Oft romantisiert, ist Krabbenfischen alles andere als vergnügungssteuerpflichtig. Dazu braucht es schon eine gewisse Leidenschaft. Die in diesem Falle so manchen Glücksgenuss erst ermöglicht.

TIPP

Ein Mitbringsel: von Hand geschöpftes Meersalz direkt vom Kutter. Unraffiniert und naturbelassen.

- Das Steuerhaus No 1, Zum Seezeichenhafen, 25946 Wittdün, Tel. (0 17 11) 45 36 09 www.derkrabbenfischer.de/das-steuerhaus/ (Öffnungszeiten Dienstag bis Samstag, 10.00 bis 12.30 Uhr)
- ÖPNV: Inselbus Amrum, Haltestelle Wittdün Badeland, mit Fußweg (Fahrplan unter www.faehre.de)

DAS STEUERHAUS No1
VERKAUF VON FANGFRISCHEN KRABBEN DIREKT VOM KUTTER
Amrumer Meersalz
FISCHKUTTER
BUTJADINGEN
Geöffnet ab Dienstag 10⁰⁰-12³⁰

# Augen auf!

## 43 Bei Fietje und Antje in Midlum auf Föhr

Midlum liegt – der Name deutet es schon an – in der Mitte von Föhr. Die Endung „-um“, auf die fast alle Inseldörfer auf Föhr enden, bedeutet übrigens so viel wie „Heim“. Aus ehemals Middelum, was „Mittlere Heimstatt“ bedeutet, wurde irgendwann Midlum. Was man sich heute kaum vorstellen kann: Selbst Midlum war früher von der Schifffahrt geprägt. Durch einen Priel wurden Waren von Wyk bis hierher zur Inselmitte verschifft.

Ein Heim bietet das Dorf auch einem besonderen Paar: Fietje und Antje. Ein „Liebespaar“, dessen rührende Geschichte ihresgleichen sucht. Ursprünglich gab es nur Fietje. Gefunden auf einem Flohmarkt, gerettet und nach Midlum gebracht, bezog er hier auf einer Hecke seinen Beobachtungsposten. Aber das Glück kommt ja oft durch einen Zufall in unser Leben. So auch bei Fietje. Jemand fuhr an ihm vorbei und dachte, der könnte gut zu unserer Antje passen, die bei uns zu Hause alleine in die Gegend guckt. Und so wurde aus den beiden ein Paar, das inmitten von Midlum in einer Hecke seine neue Heimstatt fand. Nun schauen sie gemeinsam in die Ferne und trotzen allen Wettern. Egal ob gleißende Sonne, ob Wind oder Sturm, Regen oder Schnee. Die beiden haut so schnell nichts um. So wie man es sich auch im echten Leben wünscht. Hier in der Dörpstraat, der Dorfstraße, haben die beiden – auch schon mal mit Besuch an ihrer Seite – alles bestens im Blick. Und ganz nebenbei verraten sie uns noch etwas über Glück. Etwa in Sachen Neugier. Oft wird nur die negative Seite der Neugier gesehen. In dem Sinne, dass man seine Nase in Dinge steckt, die einen nichts angehen. Aber die Neugier hat wie alles mindestens zwei Seiten. Wer Interesse zeigt für die Welt, die uns umgibt, und wer der eigenen Neugier im positiven Sinne – man könnte auch sagen Aufgeschlossenheit – freien Lauf gibt, bleibt offen für das, was sich rundherum tut. Es lohnt sich also, Ausschau zu halten. Womöglich kommt das Glück dann sprichwörtlich um die nächste Kurve.

TIPP

Warum übrigens das Dorf Süderende nicht auf „-um“ endet, erfährt man dort bei einer Führung.

- Fietje und Antje, Dörpstraat 57, 25938 Midlum auf Föhr
- ÖPNV: Inselbus Föhr, Haltestelle Midlum Gastwirtschaft (Fahrplan unter www.faehre.de)

# Verstehe nur Bahnhof

## 44 Der Lorenbahnhof auf Langeneß

Im Leben kann man sich viele Ziele vornehmen. Auch die Wege, sie zu erreichen, können durchaus unterschiedlich sein. Vor allem, wenn es sich bei den Zielen um Glücksorte handelt, kann man schon einmal gehörig durcheinanderkommen. Wie war das doch gleich noch? Ist wirklich der Weg das Ziel, wie es so oft heißt? Oder zählt vielleicht eher der Weg zum Ziel? Oder liegt das Ziel schon auf dem Weg? Große Fragen, die fast philosophisch anmuten. Erst recht, wenn es dabei um so etwas Kleines wie den Bahnhof der Halligbahn Dagebüll-Oland-Langeneß geht.

Kinderaugen werden staunen: Wie soll denn eine Bahn mit ihren Waggons durchs Wasser kommen? Schwierig! Da ist Fantasie gefragt. Vielleicht wüssten Jim Knopf und Lukas der Lokomotivführer Rat. Die bekannte Adaption des Kinderbuchklassikers durch die Augsburger Puppenkiste ist unvergessen. Wer erinnert sich nicht an die zu einem Schiff umgebaute Dampflok Emma, mit der man ein weit entferntes Kaiserreich erreichen konnte.

Aber nein, hier ist nichts umzubauen. Und es gibt auch keinen Fahrplan. Die Gezeiten geben die Taktung vor. Nur bei Ebbe kann man über das Wattenmeer sausen. Und zwar nicht in einem Waggon, sondern mit einer Lore, einem kleinen offenen Schienenwagen, der mitunter sogar individuell gestaltet ist und einen eigenen Charakter besitzt. Bekannt sind Loren aus dem Bergbau, um damit Kohle und Gestein zu transportieren.

Früher mit Segeln, heute motorisiert und künftig vielleicht als E-Lore schaffen sie eine Verbindung zwischen den Halligen Oland und Langeneß und dem Festland. Zwar dürfen nur Halligbewohner und ihre Angehörigen mit ihren Loren übers Wattenmeer fahren. Wer aber als Übernachtungsgast hierherkommt, kann ebenfalls ausnahmsweise in den Glücksgenuss einer Fahrt kommen. Und dann lösen sich mit einem Mal auch die eingangs gestellten Fragen fast wie von selbst in Luft auf, denn die Loren und der Lorenbahnhof verbinden alles in einem: Weg und Ziel zugleich.

- Lorenbahnhof, 25863 Hallig Langeneß, www.langeness.de
- Informationen zur Anreise unter www.halligen.de und www.nordseetourismus.de

MAKE UNICORNS
GREAT AGAIN

# It's magic!

## 45 Der Bupheverkoog auf Pellworm

Es gibt Glücksorte, die lassen sich mit den Augen kaum erfassen, wohl aber erspüren. Vorausgesetzt, man verfügt über die nötige Sensibilität und die entsprechenden Antennen.

Auf Pellworm, so erzählt man sich, gehört das Gebiet jenseits der Hever (das bedeutet Buphever) dazu. Der Bupheverkoog ist ein vergleichsweise junges Landstück von Pellworm. Erst Ende der 1930er-Jahre wurde das Gebiet eingedeicht und als Marschland nutzbar gemacht. Heute drehen sich dort mächtige Windräder. Willkommene Motive für Fotoenthusiasten. Und kaum jemand, dem man begegnet. Das will selbst für Pellworm etwas heißen.

Dabei hat es diese Gegend in sich. Eine besondere Magie soll dort herrschen, unerklärliche Kräfte wirken. Viele Geschichten erzählt man sich von diesem Ort. Von indianischen Schamanen, die in den 1970er-Jahren hier einen in doppeldeutigem Sinne zauberhaften Ort zu erkennen glaubten. Von Särgen und Skeletten, die das Watt freigab. Oder von jener geheimnisvollen Frau in einem roten Rock, die hier leidenschaftlich einen Schatz bewacht. Jedem, der sich bisher anschickte, den Schatz zu heben, sprang sie in den Nacken und ließ ihn nicht wieder los oder setzte ihm mit allerlei Spuk zu. So ist es bis heute niemandem gelungen, den Schatz zu heben. Neben solchen beinahe schon wunderlich anmutenden Geschichten gibt es aber auch die anderen: Zum Beispiel von unglücklichen Menschen, die nach einer Nacht unter freiem Himmel voller Zuversicht zurückkehrten. Man sagt, an diesem Ort finde, wer aufgewühlt ist, Ruhe, wer traurig ist, Trost, und wer sich schwach fühlt, Stärke.

Ob das nicht alles Seemannsgarn ist? Wer will das schon so genau wissen? Aber ist es denn überhaupt immer wichtig zu klären, wo sich Wahrheit und Fantasie mischen? Letztlich bleibt es ohnehin jedem selbst überlassen, darüber zu entscheiden, was glücklich macht. Rund um den Bup-heverkoog bietet sich dazu einmal eine ganz andere Gelegenheit.

- Bupheverkoog, 25849 Pellworm
- Anfahrt mit dem Fahrrad oder Pkw empfehlenswert

Fahrpläne und weitere Infos unter www.pellworm.de und www.faehre-pellworm.de

# Schattenspiele

## 46 Der Steg am Sandwall in Wyk auf Föhr

Wo Licht ist, ist auch Schatten. Dieses geflügelte Wort geht wohl auf Johann Wolfgang von Goethe zurück. Soll heißen, Gegensätze bedingen einander. So wie auf Ebbe die Flut folgt oder auf Regen der Sonnenschein. Was direkt wieder mit dem Glück zusammenhängt. Alles allzeit durch eine rosarote Brille sehen? Geht nicht. Und wäre wohl auch wenig wünschenswert. Nur wer die Schattenseiten im Leben kennt, weiß die glücklichen Momente zu schätzen. Eine banale Erkenntnis? Vielleicht. Aber eine, die zu oft im Trubel des Alltags aus dem Blick gerät.

Umso besser, wenn man sich das gelegentlich wieder in Erinnerung ruft. Und dabei kommen Licht und Schatten gerade recht. Mehr braucht es nicht. Schon ein bisschen Sonnenschein genügt. Jetzt noch ein passender Ort. In diesem Falle ein Steg am Strand von Wyk. Wie wäre es jetzt mit einem Schattenspiel? Eine alte Kunstform, die ursprünglich aus China kommt. Dort wurde sie mit zweidimensionalen Figuren an Stäben perfektioniert. Seit dem 18. Jahrhundert ist das Schattentheater ebenfalls in Europa bekannt. Aber es funktioniert auch ohne Utensilien. Allein die Hände und Finger reichen, um allerlei Figuren entstehen zu lassen, beispielsweise einen Wolf, Papagei oder – was an diesem Ort passender wäre – eine Krabbe oder Möwe.

Mitnichten nur ein Spiel für Kinder. Also warum nicht mal selbst Theater spielen? Und gleich hier an Ort und Stelle das eigene Glück aufs Holz „malen". Der Fantasie freien Lauf lassen. Es kann so einfach sein. Und anschließend noch ein bisschen die Beine über den Stegrand baumeln lassen und die Sonne genießen.

Übrigens, wer auf den Geschmack gekommen ist: Im Internet finden sich zahlreiche Seiten mit Anleitungen und Ideen für Schattenfiguren mit Fingern. Das Schöne: Solche Schattenspiele gehen überall. Kurzweilige und glückliche Momente sind schnell herbeigezaubert.

---

- Steg am Sandwall, 25938 Wyk auf Föhr
- ÖPNV: Inselbus Föhr, Haltestelle Wyk Hafen, mit Fußweg (Fahrplan unter www.faehre.de)

# Radeln unterm grünen Dach

47

## Der Waldradweg auf Amrum

Ob Föhr, Amrum oder Pellworm, alle drei Inseln sind für diejenigen, die gern mit dem Rad unterwegs sind, paradiesisch. Das wird schon beim Übersetzen an der Fähre klar: Nicht wenige Urlauber nehmen offenbar das eigene Fahrrad gleich mit. Inzwischen auch immer häufiger in der Variante des E-Bikes. Nötig wäre diese Mühe nicht. Räder lassen sich überall problemlos leihen.

Und dann heißt es mehr oder weniger kräftig in die Pedale treten. Kräftig? Oh ja, denn selbst wenn keine Berge zu bezwingen sind, den Wind, der hier fast immer weht, sollte man nicht unterschätzen. So kann einem schon mal die Puste ausgehen, wenn der Nordseewind von vorne bläst. Glücklich diejenigen, die mit Rückenwind unterwegs sind und der Wind sich nicht plötzlich dreht. E-Biker können darüber natürlich nur müde lächeln.

Umso schöner ist es, dass es einige Routen gibt, die einen vor Wind ebenso schützen, wie vor gleißendem Sonnenschein. Eine dieser Routen verläuft auf dem Waldradweg auf Amrum. Für alle drei Nordseeinseln ist dieses große Waldstück auf Amrum einzigartig. Dabei ist es noch gar nicht so alt. Erst 1948 wurde der Wald auf Heidegebiet angelegt. Und zwar zum Schutz der Insel vor Wind und Sand.

Gekennzeichnet mit einem grünen Dreieck ist der Rad- und Wanderweg leicht auszumachen. Von Wittdün geht es an Süddorf und Nebel vorbei einmal längs über die Insel bis nach Norddorf. Ganz gemütlich „reitet" man auf seinem Stahlross über den Waldweg. Oftmals unter einem riesigen Baldachin aus Blättern. Wie kleine Blitze fällt das Sonnenlicht durch Lücken im Laubdach auf den Waldboden. Und dann taucht man wieder auf aus dem grünen Kokon. Und findet sich wieder in der Heide, die vielleicht gerade blüht. Der Blick geht wieder in die Weite. Kurz einmal zum Wasser. Um einen herum ein Farbenmeer: Blau, Grün, Gelb, Lila … welch bezaubernde Farbmagie! Keine Frage: Radeln auf dem Waldradweg macht glücklich.

TIPP

Eine weitere Strecke führt quer über die Insel von Wittdün nach Steenodde – und ohne Drahtesel danach noch das Steenodder Kliff bewundern.

● Waldradweg von Wittdün nach Norddorf, 25946 Amrum

# Aye, aye, Käpt'n!

## 48 Das gemalte Haus auf Pellworm

Die Seefahrt gehört zu den Inseln und Halligen wie der Wurm zum Watt. Kein Wunder also, dass man ihr und ihren Menschen und Symbolen überall auf Schritt und Tritt begegnet. Kein Souvenirladen ohne diverse Anker, Schiffe und künstliches Meeresgetier als Mitbringsel. In vergangenen Zeiten war man sehr stolz, aus einer Seefahrerfamilie zu stammen – oft ist das auch heute noch so. Erst recht natürlich, wenn ein Kapitän zur Familie gehörte. Prächtige Kapitänshäuser, oftmals verziert mit Ornamenten und Malereien, lassen auf allen Inseln den Wohlstand dieser Familien erahnen.

Eher unscheinbar wirkt dagegen auf Pellworm ein Haus am Liliencronweg. Wer daran vorbeikommt, wird überrascht sein, an einem geöffneten Fenster einen Kapitän stehen zu sehen. Pfeife schmauchend blickt er einem entgegen. Achtlos fährt man vielleicht beim ersten Mal vorbei, wenn man ihn überhaupt wahrnimmt. Stutzig machen dürfte es aber, wenn einen der Weg einige Zeit darauf vielleicht abermals an dieser Stelle vorbeiführt. Nanu, das Fenster ist immer noch geöffnet? Und der Kapitän? Der scheint ja regungslos zu verharren.

Spätestens jetzt ist die Neugier geweckt. Was ist das? Beim näheren Hinschauen wird deutlich: Der Kapitän in Uniform ist ja gar keine Realität. Eine bloße Illusion! Tatsächlich das Werk des Illusionsmalers Michael Leibold. Doch wie gut diese Figur hierher passt. Und alles nur, weil man aus der Not eine Tugend gemacht und ein zugemauertes Fenster kurzerhand in eine Leinwand verwandelt und dem Bauwerk damit insgesamt neues Leben eingehaucht hat. „Das gemalte Haus“ ist auf Pellworm so bekannt wie der sprichwörtliche bunte Hund und heute ein Feriendomizil. Und zugleich eine Freude für alle, die an ihm vorbeikommen und denen der Kapitän ein Lächeln ins Gesicht zaubert. Und dieses Lächeln ist keine Illusion. Was für ein Glück.

TIPP

Augen auf! Hübsche Malereien, Verzierungen oder Kuriositäten finden sich an vielen Häusern auf den Inseln und Halligen.

- Das gemalte Haus, Liliencronweg 19, 25849 Pellworm
- Anfahrt mit dem Fahrrad oder Pkw empfehlenswert

Fahrpläne und weitere Infos unter www.pellworm.de und www.faehre-pellworm.de

# Bunt zusammengewürfelt

## 49 Die Strandkörbe in Utersum auf Föhr

Was verbindet man mit der Nordsee? Sind es die Möwen, die über einem kreisen? Oder ist es das Watt mit seiner unendlichen Weite? Oder denkt man an den Duft von Sonnencreme und Nordseeluft? Viele werden wohl vor allem ein Bild vor Augen haben: jenes von bunten Strandkörben. Ein farbenprächtiges Band, das sich zwischen Meer oder Watt und Dünen, Deichen oder Strandpromenaden entlangzieht. Selbst bei „Schietwedder“ sind Strandkörbe ein Farbtupfer im grauen Einerlei. Seit Ende des 19. Jahrhunderts gehören Strandkörbe zu den Seebädern dazu. Unklar ist, wo sie zuerst aufgestellt wurden. An Nord- oder Ostsee, in Deutschland oder den Niederlanden? Der Rostocker Hof-Korbmachermeister Wilhelm Bartelmann (1845–1930) jedenfalls gilt als der Urvater des Strandkorbs. Im Sommer 1882 soll in Warnemünde der erste Strandkorb gesichtet worden sein. Ein Jahr drauf eröffnete Bartelmann eine erste Strandkorbvermietung. Maßgeblich übrigens auf Betreiben seiner Frau Elisabeth, die schnell die Chance erkannte, aus dem klobigen Ungetüm ein saisonales Mietmöbel für Urlauber zu machen. Später entstanden ganze Manufakturen und je nach Region – ob Nord- oder Ostsee – hat ein Strandkorb typische Besonderheiten. Lange Zeit als eher spießig angesehen, erfreuen sich Strandkörbe heute wieder einer wachsenden Beliebtheit und machen Strandbesucher, große wie kleine, glücklich.

Auf Föhr lässt sich schnell ein Unterschied ausmachen zwischen den Hochburgen in Wyk und Utersum. Während in Wyk die Anordnung der Strandkörbe eher gesittet erscheint und das Farbspektrum eingeschränkt ist, geht es auf der anderen Seite der Insel ganz anders zu: Bunt und wild durcheinandergewürfelt präsentiert sich hier das Bild. Aber sich die Strandkörbe nur ansehen? Nein, natürlich nicht. Dafür sind sie ja auch gar nicht gemacht. Also Platz nehmen, wohlfühlen und träumen. Föhrträumt, sozusagen.

TIPP

In einem Schlafstrandkorb in Wyk, Nieblum oder Utersum lässt sich sogar eine traumhafte Nacht am Strand verbringen.

- Strandkörbe, zwischen Föhr Tourismus GmbH (Klaf 2) und Kleinen Kurmittelhaus (Klaf 6), 25938 Utersum
- ÖPNV: Inselbus Föhr, Haltestelle Utersum Mitte, mit Fußweg (Fahrplan unter www.faehre.de)

348
461

# Hallig mit Herz

50

## Auf Hallig Süderoog

Wo sitzt das Glück im Körper? Im Kopf? Oder vielleicht doch im Herzen? Beim Gedanken an das Herz werden schnell bestimmte Fotos im Gedächtnis wach. So wie das Bild des weltbekannten Heart Reefs, ein zum Great Barrier Reef gehörendes Atoll vor der Ostküste Australiens. Eine der kleinsten „Herzinseln" weltweit. Aber auch die Nordsee vor Schleswig-Holstein hat so etwas zu bieten. Zwar keine Insel, aber eine Hallig, Süderoog, ihrer Form nach die „Herzhallig" genannt. Und Herz ist hier Programm. Was rund um die Hallig geboten und gemacht wird, ist für die Bewohner hier eine Herzensangelegenheit. Was man in vielerlei Hinsicht merkt.

Zu Fuß geht es von Pellworm aus auf die kleine Hallig, zum Beispiel mit Knud Knudsen, dem Postboten. Schon der Weg dorthin führt streckenweise über ein Meer von Herzmuscheln. Und herzlich wird man empfangen. Wer will, kann hier sogar den Bund fürs Leben schließen, alles liebevoll arrangiert im Pesel, der guten Stube der einstigen Warftbewohner. Sorge, in Anzug und Brautkleid durch das Watt staksen zu müssen, braucht man nicht zu haben. Alles wird im Vorfeld bestens organisiert.

Die Halligbewohner, eine junge aktive Familie mit vielen innovativen Ideen, hat sich noch weiteren wichtigen Aufgaben verschrieben. Etwa dem Schutz und der Aufzucht von Tieren, die vom Aussterben bedroht sind, wie dem Fuchsschaf oder der Heidebiene. Und aus angeschwemmtem Treibholz lassen sie kleine Kunstwerke entstehen. Wer eines der Unikate mit Bezug zum Meer erwirbt, dem wird es jedes Mal warm ums Herz, wenn er es dann zu Hause erblickt. Oder wie es Theodor Storm in seiner Erzählung „Eine Halligfahrt" beschrieb, die übrigens wirklich auf eine Reise nach Süderoog zurückgehen soll: Es führt einen der Blick zurück auf den „schwimmenden Traum" mitten in der kalten Nordsee.

TIPP

Auch auf der Hamburger Hallig summen und brummen schützenswerte Bienen.

- 25849 Hallig Süderoog, www.halligsuederoog.de
- Informationen zur Anreise unter www.halligen.de und www.nordseetourismus.de

# Auf den zweiten Blick

## 51 Ein Schiffsfenster in Oevenum auf Föhr

„Das gibts doch gar nicht!" Wer hatte nicht schon selbst diese Momente? Da läuft man vielleicht zum x-ten Mal einen Weg oder eine Straße entlang und plötzlich fällt der Blick auf etwas, das man noch nie zuvor bewusst wahrgenommen hat. Ein Schild, ein Bild, einen Baum vielleicht. Woran liegt das? Das ist der Trott des Alltags. Die Abläufe sind eingespielt. Auf zum nächsten Treffen, zur nächsten Aufgabe. Und dabei nimmt man all das, was einem auf dem Weg so begegnet, oft gar nicht wirklich wahr.

Keine Frage: Routinen haben ihre Vorteile. Genauso wichtig ist es aber auch, aus Routinen auszubrechen. Gewohnte Bahnen zu verlassen. Den Blick zu schärfen und sich für Neues zu öffnen. Und dabei einen Gang herunterzufahren. Ein Punkt, den viele Glücksforscher heute als besonders wichtig ansehen. Achtsamkeit ist das Stichwort. Momente bewusst erleben und das, was einen umgibt, wirklich wahrnehmen. Ab und zu innehalten und genau beobachten, anstatt sich im Fluss der Geschwindigkeit oder im Meer der Eindrücke zu verlieren.

Auf den Inseln und Halligen können einem auf Schritt und Tritt solche kleinen Dinge begegnen. Lauter kleine Glücksmomente. Beispielsweise in Oevenum, in der Buurnstrat. Wenn man den Blick ein wenig von der Straße nach oben schweifen lässt, sieht man plötzlich in einem alten Reetdachhaus über der Tür ein Fenster und darin das Modell eines Segelschiffs. Man kann es sogar von der Dörpstrat aus beim Vorbeifahren Richtung Wyk erkennen – und hat es vermutlich doch nie wirklich wahrgenommen. Bis jetzt. Und sogleich ist die Fantasie beflügelt: Was hat es mit diesem Schiff wohl auf sich? Vor allem aber: Was gibt es nicht noch alles zu entdecken? Wem es gelingt, mal kürzerzutreten, bewusst Dinge in den Blick zu nehmen, schult nicht nur seine Achtsamkeit, sondern tut ganz nebenbei viel für das eigene Glück. Das Modell eines Segelschiffs bietet dafür einen willkommenen Start.

**TIPP**
In der Saison locken donnerstags der Wochenmarkt und samstags der Kreativmarkt in Oevenum.

- Schiff im Fenster in Oevenum auf Föhr, Dörpstrat/Ecke Buurnstrat, 25938 Oevenum auf Föhr
- ÖPNV: Inselbus Föhr, Haltestelle Oevenum Gastwirtschaft, mit Fußweg (Fahrplan unter www.faehre.de)

1741
2

# Zusammen glücklich

## 52 Die Windmühle in Nebel auf Amrum

Dass die Windmühle heute noch genauso dasteht wie vor Jahrhunderten, ist ein großer Glücksfall. Und er symbolisiert den Zusammenhalt der Insulaner.

Die Geschichte der Windmühle ist eng verbunden mit der Insel und der Seefahrt. Ab 1771 wurde sie von einem Seefahrer in Nebel auf einer Erhöhung erbaut. In einzelnen Teilen kam sie aus Holland nach Amrum. Ein achteckiger sogenannter Erdholländer, der dann neu verkleidet wurde. Nach ihrer Fertigstellung im Jahre 1787 diente die Mühle nicht nur zum Mahlen von Mehl, sondern den Seefahrern vor der Erbauung des Leuchtturms und des Quermarkenfeuers zugleich als Seezeichen. Multitasking!

Dann der Niedergang: Die Mühle wurde unwirtschaftlich. Was war zu tun? Sie zu einer Wohnung oder Gaststätte umwandeln? Die Mühle verkaufen? Die Amrumer waren schon immer für innovative Ideen offen. Sie gründeten den Mühlenverein, der sich bis heute um die Mühle kümmert und ihr mit einer neuen Bestimmung gleichzeitig neues Leben eingehaucht hat: Als Kulturzentrum mit einer Dauerausstellung zur Inselgeschichte und wechselnden Sommerausstellungen, als Mühlenmuseum, das vor allem Kinder einlädt, hier offline und nicht online etwas zu lernen, und als Ort, an dem man auch heiraten kann, um damit sein persönliches Glück zu krönen.

Alles in allem ein Projekt mit Vorbildcharakter. Auch für andere Mühlen, wie etwa die Mühle in Wrixum auf Föhr. Die war lange Zeit vom Verfall bedroht. Nun hat man sich auch dort auf die Fahnen – oder die Mühlenflügel – geschrieben, ein Stück Inselkultur zu bewahren. Zum Glück! Denn was wäre der Norden und was wären seine Inseln ohne Windmühlen? Selbst wenn sie oft stillstehen und der Wind nicht mehr sein Lied singt, wenn er durch die Flügel weht. Die Mühle auf Amrum erinnert daran, wie lohnend es sein kann, Glück gemeinsam zu finden.

● Windmühle in Nebel, Maalenstegalk 12, 25946 Nebel auf Amrum
● ÖPNV: Inselbus Amrum, Haltestelle Nebel Mühle
(Fahrplan unter www.faehre.de)

# Romeo und Julia

## 53 Das Storchengehege in Wyk auf Föhr

Störche haben seit jeher etwas Mystisches, wie sie mit ihren langen Schnäbeln und schmalen Körpern durch die Lüfte schweben. Einfach faszinierend. Und ja, auch mit dem Glück sind sie verbunden. Baut ein Storchenpaar etwa auf dem Dach des eigenen Hauses ein Nest, steht das bekanntlich für Kindersegen. Es gibt sogar Orte, die sich ganz den Störchen verschrieben haben. Im mittelfränkischen Uehlfeld, das zahlreiche Storchennester sein Eigen nennt, setzte ein örtlicher Bierbrauer seine Produktion zugunsten der Störche für eine längere Zeit aus. Er konnte den Schornstein der Brauerei nicht benutzen. Tierwohl der Extraklasse und gelebter Naturschutz zugleich.

Auch auf Föhr sind Störche heimisch. Das war nicht immer so. Nach der Flurbereinigung in den 1950er-Jahren waren die wunderschönen Tiere auf der Insel zunächst verschwunden. Zu schlecht waren die Lebensbedingungen geworden. Erst in den 1990er-Jahren kam es zu einer Wende, dank einer glücklichen Fügung. Dieter Risse päppelte in seinem Gehege an der Badestraße in Wyk einen flügellahmen Storch auf, dem er den Namen „Romeo“ gab. Und dann nahm die Liebesgeschichte ihren Lauf. Die zahme Störchin „Julia“ verliebte sich in „Romeo“ und er sich in sie. Störche sind treu und bleiben ein ganzes Storchenleben zusammen. Und diese Lovestory nahm kein so trauriges Ende wie im berühmten Stück von William Shakespeare. Die beiden bekamen Nachwuchs und die ersten Jungstörche wuchsen heran. Störche sind übrigens vorbildliche Eltern.

TIPP

Führungen durch das Storchengehege nach Absprache oder in der Saison laut Veranstaltungsplan.

Inzwischen sind wieder eine Vielzahl von Störchen im Storchengehege zu Hause. Manche überwintern hier, einige ziehen gen Süden und kehren im Frühling, wie die vielen Urlauber, wieder auf ihre Insel und ihr Nest zurück. Dort im Storchengehege kann man sie besuchen. Oder ihnen auch anderswo begegnen. Etwa, wenn man gerade am Strand liegt und anstatt Möwen plötzlich Störche im Watt landen sieht. Ein wirklich einzigartiger, glücklicher Moment.

- Storchengehege Wyk, Feldstraße 11, 25938 Wyk auf Föhr, Tel. (0 46 81) 5 92 00 www.elmeere.de
- ÖPNV: Inselbus Föhr, Haltestelle Wyk Mitte oder Wyk Friesenmuseum (Fahrplan unter www.faehre.de)

# Farbenspiele

## 54 Sonnenuntergang auf Pellworm

Manchmal sind es die kleinen Dinge, die glücklich machen. Oder die bekannten. Und doch geraten gerade die oft aus dem Blick. Dass die Sonne tagein und tagaus auf- und wieder untergeht, ist fast schon zu banal, um einen besonderen Platz in unserem Alltag zu bekommen. Es sei denn, man ist auf Pellworm. An der Hooger Fähre, um genau zu sein, ein Flecken, der jedem hier ein Begriff ist.

Tagsüber kann es hier schon recht wuselig zugehen. Jedenfalls, was man für Pellwormer Verhältnisse so für wuselig hält. Ein beliebter Anlaufpunkt: Der Imbiss am Deich, der mit der einen oder anderen süßen oder deftigen Leckerei lockt. Oder man lässt sich in dem nach dem verheerenden Brand im Dezember 2019 von Grund auf neu erbautem Restaurant „Hooger Fähre" wieder verwöhnen. Andere nutzen die Gelegenheit, um von hier aus – der Name sagt es bereits – zur Hallig Hooge überzusetzen. Oder um sich mit den Brüdern Hellmann mit der MS Gebrüder zu einer Erkundungstour nach Norderoogsand aufzumachen.

**TIPP**

Schöne Sonnenuntergänge gibt es auch entlang der Traumstraße auf Föhr und auf Amrum am Kniepsand.

Am Abend wird es wieder beschaulicher. Dann lohnt es sich erst recht hierherzukommen, zeigt sich doch jetzt die Natur bisweilen von ihrer schönsten Seite. Nicht immer zwar, aber doch häufig. Zum Glück.

Man kann durchaus geteilter Meinung sein, wo der Sonnenuntergang auf den Inseln und Halligen am eindrucksvollsten ist. Aber Hand aufs Herz: Lohnt sich das? Natürlich nicht. Jeder hat seine Favoriten. Einig ist man sich aber darüber: Man muss nicht extra nach Capri fahren, um die rote Sonne im Meer versinken zu sehen. Also einfach die Momente genießen. Wer einmal hier war, dem wird schnell klar, warum der Sonnenuntergang an der Hooger Fähre für viele ein echtes Highlight ist. Wenn sich mit der sinkenden Sonne jedes Mal ein einzigartiges Farbenspiel entfaltet, das alles ringsherum einbezieht. Und am nächsten Tag wirkt alles vielleicht schon wieder ganz anders. Was unter Glücksaspekten ein echtes Geschenk ist. Denn Bekanntes immer wieder neu zu entdecken, macht auf ganz besondere Weise happy.

- Anleger Hooger Fähre, 25849 Pellworm
- Anfahrt mit dem Fahrrad oder Pkw empfehlenswert

Fahrpläne und weitere Infos unter www.pellworm.de und www.faehre-pellworm.de

# Eine Sandbank im Wandel

## 55 Auf Norderoogsand

Es gibt Glücksorte, die sind so ohne Weiteres gar nicht zu erreichen. Die Hochsände im nordfriesischen Wattenmeer gehören dazu. Gebiete, die den Blicken der meisten Besucher verborgen bleiben. Zwischen den Inseln und Halligen gelegen, sind sie aber äußerst wichtig für diesen einzigartigen Lebensraum. Den gilt es zu erhalten, weshalb man hier nicht mal eben hinspazieren kann.

Da ist einmal die Kormoraninsel im Dreiinsel-Eck von Föhr, Amrum und Sylt und da sind zum anderen die nordfriesischen Außensände: Japsand, Süderoogsand und Norderoogsand. Sie sind den Halligen zum offenen Meer hin vorgelagert und dienen als Wellenbrecher, um die Halligen und Inseln zu schützen. Bewohnt sind sie nicht, diese Sandbänke. Jedenfalls nicht von Menschen. Aber natürlich von Tieren wie Seevögeln und Robben. Besichtigen kann man sie ebenfalls nicht – mit einer Ausnahme: Norderoogsand. Das ist den Brüdern Hellmann auf Pellworm zu verdanken. Seit Generationen hat sich die Familie auf die Fahne geschrieben, dieses einmalige Terrain für Touristen zugänglich zu halten. Mit dem eigenen Schiff, der „MS Gebrüder", geht es von Pellworm am Anleger „Hooger Fähre" aus nach Norderoogsand. Die Anzahl der Besucher ist allerdings begrenzt. Hier gilt die Regel, der frühe Vogel fängt den Wurm.

Norderoogsand ist sogar unter Glücksaspekten etwas Besonderes. Eine Sandbank, die sich quasi neu erfindet. 30 bis 40 Meter pro Jahr „wandert" sie auf das Festland zu, und zwar in Richtung der Halbinsel Eiderstedt. Und wird dabei immer höher. So ist aus der Sandbank inzwischen beinahe so etwas wie eine kleine Insel geworden. Was einen – beim Schlendern über Norderoogsand – ja auf eine Idee bringen könnte: Wie wäre es, sich selbst mal wieder neu zu erfinden? Ein bisschen jedenfalls. Raus aus der Routine macht glücklich. Aber diesen Gedanken kann man auch später noch nachgehen. Vielleicht auf der Rückfahrt. Jetzt erst einmal die Einzigartigkeit von Norderoogsand genießen und dabei die Augen offen halten. Womöglich hat man ja Glück und stößt auf etwas Interessantes. Zum Beispiel auf eine Flaschenpost?

- Norderoogsand, 25849 Pellworm, www.pellworm.de
- Anreise nur mit der „MS Gebrüder" der Gebrüder Hellmann

# Rundherum glücklich

## 56 Die Lembecksburg bei Borgsum auf Föhr

Eine Burg? Auf Föhr? Wer zu Fuß, per Drahtesel oder mit dem Auto einen Ausflug zur Lembecksburg bei Borgsum unternimmt, wird zunächst wohl etwas überrascht sein. Wo ist das Gemäuer? Wo sind der gefüllte Wassergraben, die Türme und die Zugbrücke?
Eine klassische mittelalterliche Ritterburg dürfen sich Besucher tatsächlich nicht vorstellen. Die Gemäuer, die der weithin sichtbare Ringwall einmal eingrenzte, sind im Laufe der Jahrhunderte komplett verschwunden. Nur die kreisrunde Schutz- und Verteidigungsschanze ist geblieben. Letzte Grüße aus vergangenen Tagen, die sogar bis in die Wikingerzeit zurückreichen. Mehrere Meter hoch ragt der Wall aus dem flachen Geestgebiet heraus. Schon ein imposantes Fleckchen Erde. Sieht ein bisschen wie ein Deich aus. Oder ein altertümliches Amphitheater – ganz aus Naturmaterialien: Erde, Steine, Rasen und Gräser. Ihren Namen verdankt die Burg dem Ritter Lembeck, der hier im 14. Jahrhundert gegen den dänischen König Waldemar IV. kämpfte. Heute ist eine „Eroberung" der Burg ganz unproblematisch möglich – und macht im Gegensatz zu vergangenen Zeiten sogar Spaß. Dabei sind der Fantasie, wie man das anstellen möchte, keine Grenzen gesetzt. Eine ganz einfache Möglichkeit: Einmal den Ringwall rundherum ablaufen, nachdem man ihn hochgekraxelt ist. Das wird belohnt. Mit einem wundervollen Blick über die Insel und die Nachbardörfer.
Einen besonderen Reiz hat das Bodendenkmal in den Abendstunden. Warum nicht mal den Picknickkorb packen und etwas Zeit mitbringen? Da die Burg etwas abseits liegt, ist man oft ganz für sich und kann die Stille der Natur genießen. Was selbstverständlich sein sollte: Nach einem Picknick alle Überbleibsel wieder mitnehmen. Das macht dann auch andere glücklich.

- Lembecksburg, Borigwoi, 28938 Borgsum
- ÖPNV: Inselbus Föhr, Haltestelle Borgsum West, mit Fußweg (Fahrplan unter www.faehre.de)

# Funkelndes Glitzern

57

## Der Nationalpark Wattenmeer

Der Nationalpark Wattenmeer oder kurz „dat Watt“ ist einzigartig auf dieser Welt. Und das gleich in mehrfacher Hinsicht. Wo beginnen? Schon der bloße Anblick ist überwältigend. Wo ist man? Beinahe kommt es einem wie eine weit entfernte Mondlandschaft vor. Und wenn die Sonne mitspielt, gerade am Vormittag oder am späten Nachmittag, dann glitzert und funkelt es wie bei einem Scherbenspiegel, der sich in unzähligen Einzelteilchen präsentiert. Und Scherben bringen Glück, oder?

Am besten Schuhe aus und barfuß durchs Watt wandern. Ein enorm sinnliches Erlebnis. Obendrein spaziert man in einem Weltnaturerbe herum. Denn auch das ist das Watt – eines der letzten großen europäischen Wildnisgebiete. Und als solches ist es tatsächlich nicht ohne Gefahren. Am besten ist es, sich einer geführten Wattwanderung anzuschließen. Dann hat man sogar die Gelegenheit, den Lebensraum der „Small Five“ zu entdecken. Klar, die afrikanischen „Big Five“ – Elefant, Büffel, Löwe, Nashorn und Leopard – haben zweifellos ihre Reize. Gerade in ihrem angestammten Lebensraum. Aber die „Small Five“ des Wattenmeeres – Wattwurm, Herzmuschel, Wattschnecke, Nordseegarnele und Strandkrabbe – stehen den großen Paten zumindest in ihrer Bedeutung in nichts nach. Als Überlebenskünstler verraten sie uns ebenfalls viel über das Glück, etwa wenn es darum geht, mit anspruchsvollen Lebensumständen klarzukommen. Und das alles quasi vor unserer Haustür.

TIPP

Infos über das Leben im Meer und Watt bekommen Groß und Klein in den Nationalpark-Häusern der Inseln.

Das Watt ist durch die Gezeiten von Ebbe und Flut nicht immer zugänglich. Wenn die Flut langsam aufläuft, die Priele sich mit Meerwasser füllen und das Watt für die nächsten Stunden im Meer versinkt, wird einem wieder klar: Nutze den Augenblick. Sei glücklich im Jetzt. Denn wie mit dem Watt, verhält es sich mit dem Glück. Es kommt und geht, wie das Watt bei Ebbe und Flut.

● Nationalpark Wattenmeer, www.nationalpark-wattenmeer.de

# Lauter Ruhe

58

## Kurpark am Haus des Gastes in Nebel auf Amrum

Braucht es einen besonderen Grund, auf Amrum zu sein? Nö! Hinfahren und wohlfühlen. So einfach ist das. Apropos wohlfühlen. Was das bedeutet, darüber gibt es sicher ganz unterschiedliche Vorstellungen. Die See genießen? Ein Sonnenbad? Eine Radtour? Eine Dünenwanderung? Oder ein Streifzug durch die Inseldörfer?
Besonders idyllisch ist der Ort Nebel. Mit seinen vielen kleinen Geschäften, Galerien, Cafés und Restaurants vermittelt er einen ursprünglichen Charme. Das spricht sich natürlich rum, weshalb es – gerade in der Hochsaison – hier manchmal recht wuselig zugehen kann. Bei prächtigem Wetter zieht dieses Kleinod Fußgänger wie Radler beinahe magisch an, um zu shoppen, sich ein Eis oder ein Stück Torte zu gönnen oder um ein wenig zu bummeln. Und mir nichts, dir nichts durchziehen die vielen Besucher wie kleine Ameisenstraßen das beschauliche Örtchen.
Was wäre jetzt eine Oase der Ruhe? Gibt es nicht? Gibt es doch! Den Kurpark rund um das Haus des Gastes in Nebel. Klingt ein bisschen altbacken? Ja, vielleicht. Aber davon sollte man sich nicht abhalten lassen. Schon das eine oder andere Mal hat er sich als echter Geheimtipp der Ruhe entpuppt. Und das, obwohl sich hier auch die Touristikinformation findet, die als Anlaufstation bei allen größeren und kleineren Fragen behilflich ist.
Aber was macht diesen Park zu solch einer Oase? Vielleicht gerade das Unerwartete. Augenfällig oder sollte man besser sagen „ohrenfällig" ist die Ruhe. Keine Hektik. Hier geht es stets überaus entspannt zu. Sonnenliegen laden zum Chillen ein. So lässt es sich aushalten. Wer Se(e)hnsucht verspürt, findet sicher auch hinter dem Haus des Gastes für sich ein Plätzchen. Vielleicht wenden sich die Augen zu den Brombeersträuchern. Ob die Früchte schon reif sind? Naschen soll ja gleichfalls glücklich machen. In Maßen natürlich. Aber eigentlich ist man ja wegen der See nach Amrum gekommen. Und das Panorama hält, was es verspricht. Herkommen und selbst entdecken. Solange das noch geht. Denn Umbauten sind im Gespräch …

TIPP

Am letzten Donnerstag im Juli laden Kunsthandwerker und Künstler zu „Kunst im Kurpark" ein.

- Kurpark am Haus des Gastes, Hööwjaat 1 a, 25946 Nebel, Tel. (0 46 82) 94 30 0
- ÖPNV: Inselbus Amrum, Haltestelle Nebel Mitte, mit Fußweg (Fahrplan unter www.faehre.de)

# Spiegel der Seele

## 59 Der Alte Hafen von Pellworm

Manchmal ist es so, dass etwas Neues dem Alten die ursprüngliche Seele zurückbringen kann. So ist es mit dem Alten Hafen von Pellworm. Bis 1992 war hier ein geschäftiges Treiben, da der Hafen nicht nur von Fischern, sondern auch von den Fähren angelaufen wurde. Doch dann die Entscheidung, auf Pellworm einen Tiefwasseranleger, weit außerhalb von Tammensiel, zu errichten. Warum? Man wollte gezeitenunabhängiger sein, um die Insel regelmäßig fast ohne Ausfälle ansteuern zu können. Denn Pellworm wurde bei Gästen immer beliebter.

Und nun? Vorbei der Trubel, als die Fähren mit den Gästen anlegten. Kein hektisches Gewusel mehr. Der Alte Hafen ist wieder das, was er ursprünglich einmal war: ein Hafen für Fischerboote und mitunter auch für ein paar Freizeitskipper. U-förmig eingebettet im Grün der Deiche.

Damit erhielt er wieder seinen alten Charme zurück – ohne jedoch in einen Dornröschenschlaf zu verfallen. Besonders sehenswert ist er in den ganz frühen Morgenstunden, wenn sich im Wasser die Silhouetten der Gebäude und Schiffe spiegeln. Also, Wecker stellen und die Morgenstille am Alten Hafen genießen. Ein unvergleichliches Spiel aus Licht, Wasser und Reflexionen. Die Fischkutter beobachten, wenn sie zum Fang hinausfahren oder zu späterer Uhrzeit wieder in den sicheren Hafen einlaufen.

Und vielleicht schmeckt in den Sommermonaten ja schon in der Früh ein leckeres Fisch- und Krabbenbrötchen an Bütti's Schlemmerecke. Oder auch nur eine Tasse Kaffee. Danach noch ein Rundgang durch den kleinen Hafen oder geschwind hoch zum Deich auf eine Bank. Von dort das jetzt so ruhige Leben im Hafen genießen und die Seele baumeln lassen. Ohne dicke Pötte und Fähren. Alles eine Nummer kleiner, alles eine Nummer ruhiger. Und dazu die Spiegelungen im Hafenbecken. Alles auf den Kopf gestellt und doppelt genossen. Wie war das noch? Aus Neu mach Alt. Auf Pellworm geht das.

- Alter Hafen, Tammensiel, 25849 Pellworm
- Anfahrt mit dem Fahrrad oder Pkw empfehlenswert

Fahrpläne und weitere Infos unter www.pellworm.de und www.faehre-pellworm.de

## 60 Auf den Spuren der Puks in Utersum auf Föhr

Utersum ist ganz im Norden von Föhr gelegen. Mit seinem ellenlangen Sandstrand, dem Blick auf Amrum und Sylt und wunderschönen Sonnenuntergängen ist der Ort bei Urlaubern wie Einheimischen beliebt. Der bekannte Showmaster Hans Rosenthal verbrachte hier regelmäßig seinen Urlaub. Er war zu Recht der Meinung: Utersum ist spitze! Ihm zu Ehren findet sich übrigens am Haus des Gastes auch ein Gedenkstein.

Wer heute durch das Örtchen schlendert und die Augen offen hält, dem werden besondere Bewohner auffallen: die Puks und Oterbaankin, wichtige, kleine Bürger von Utersum und dem benachbarten Hedehusum. So wichtig, dass ihnen ebenfalls überall kleine Denkmäler gesetzt wurden. Noch nicht bewusst wahrgenommen? Dann wird es Zeit, sich einmal auf die Suche zu begeben. An so manchen Straßenecken und Gärten sind sie zu finden.

Aber Vorsicht: Nur die kleinen Statuen bewundern. Die echten Puks – oder auch Nis Puks – und Oterbaankin sollte man nicht aufstöbern. Die Puks leben auf Dachböden und Scheunen, die Oterbaankin eher auf Feld und Heide. Sie zeigen sich aber alle nicht gerne in der Öffentlichkeit, und auch die Menschen möchten ihnen lieber nicht begegnen. Diese kleinen Unruhestifter aus dem Sagenreich können es nämlich faustdick hinter den Ohren haben. Sie sind zwar nicht böse, aber verärgern sollte man sie dennoch nicht. Sind sie einem wohlgesonnen, tun sie Gutes und schützen Mensch und Tier.

Der Sage nach begegneten sie als Erstes einem Fährmann aus Utersum, der viele von ihnen nach Amrum übersetzte. Sein Lohn – erst einmal nichts. Aber er konnte sein Glück kaum fassen, als er nach Hause kam und seinen Hut voller Goldstücke fand. Glücklicherweise sind nicht alle Puks und Oterbaankin nach Amrum übergesiedelt. Und vielleicht hat man ja doch einmal Glück und sieht eine kleine Zipfelmütze hinter einer Dachluke blitzen. Aber wahrscheinlich haben dieses Glück wirklich nur noch Kinder. Für uns Erwachsene bleiben sie wohl unsichtbar.

● Puks und Oterbaankin, 25938 Utersum und Hedehusum
● ÖPNV: Inselbus Föhr, Haltestellen Utersum Mitte, Utersum Dorf oder Hedehusum (Fahrplan unter www.faehre.de)

Drefs

# Gaumenglück

## 61 Im Friesen-Café in Nebel auf Amrum

Wer sagt denn, Geschichte sei dröge? Im Falle der Friesentorte kann man sich sogar ein Stück Geschichte auf der Zunge zergehen lassen. Die gehört hier zum Urlaub ebenso dazu wie ein Sprung in die Fluten der Nordsee oder ein Fischbrötchen auf die Faust. Wie der Name schon verrät, handelt es sich um eine typische Tortenspezialität aus dem hohen Norden. Ist damit die Herkunft zumindest grob geklärt, bleibt anderes im Dunkeln. Anlass genug für allerlei Geschichten und Anekdoten.

Wahrscheinlich war es Amrum, von wo aus diese leckere Sünde in den 1970er-Jahren ihren Siegeszug als „Friesentorte“ antrat. Aber wie, wann und von wem die Torte ursprünglich kreiert wurde? So ganz genau scheint das niemand zu wissen. Vielleicht ist sie ja, wie vieles, was in der Küche entsteht, ein Zufallsprodukt. Man stelle sich das einmal vor: Irgendwann vor langer, langer Zeit. Besuch sagte sich an. Was tun? Clever improvisieren mit dem, was gerade so im Haus war. Ein Rest Blätterteig vielleicht, etwas hausgemachter Pflaumenmus, der noch in der Vorratskammer lagerte, und Schlagsahne. Reichlich Schlagsahne. Damit war im Handumdrehen eine Torte gezaubert, die den Besuch überrascht und beglückt haben dürfte. Der Body-Mass-Index war zum Glück noch nicht erfunden.

Gerade weil sie so schnell und mit wenigen Zutaten zubereitet ist, passt sie perfekt zum Glück: Denn oft sind es eben die einfachen Dinge, die glücklich machen.

Genießen kann man die Friesentorte in vielen Cafés. Auf Amrum besonders stilecht im Friesen-Café in Nebel. Seit den 1950er-Jahren kann man dort in einem alten Friesenhaus von 1745 einkehren und sich kulinarisch verwöhnen lassen. Neben der Friesentorte auch mit leckeren Friesenwaffeln oder einer eigens kreierten Friesenkirschtorte, einer nordischen Schwester der Schwarzwälder Kirschtorte. Bei „Schietwedder“ macht man es sich drinnen gemütlich und bei Sonnenschein gern auch im Strandkorb im idyllischen Garten. Dann noch eine dampfende Tasse Tee und die Tortenschlacht kann beginnen …

- Friesen-Café, Uasterstiegh 7, 25946 Nebel auf Amrum, Tel. (0 46 82) 9 66 20
www.friesen-cafe.de
- ÖPNV: Inselbus Amrum, Haltestelle Nebel Mitte, mit Fußweg
(Fahrplan unter www.faehre.de)

# Hast du Töne?

## 62 Der Windstein auf Hallig Hooge

Ein Besuch auf Hallig Hooge? Der darf eigentlich nicht fehlen, wenn man schon einmal oben im Norden ist. Als „Königin der Halligen“ ist sie beliebt wie keine zweite – sei es für einen Kurztrip oder sogar für einen etwas längeren Aufenthalt. Und natürlich sind da die üblichen Verdächtigen, die man bei so einem Halligaufenthalt besichtigen sollte. Welche das sind? Das findet man schnell raus.

Ist man nach einem schönen Aufenthalt wieder zurück am Fähranleger, stellt sich eventuell die Frage: Gibt es vielleicht doch noch etwas? Wem er bislang nicht aufgefallen war, und wem noch etwas Zeit bleibt, bis das Schiff wieder ablegt, sollte die Gelegenheit nutzen, schnell noch einen Glücksort kennenzulernen, den es so anderswo nicht gibt: den Windstein. Eine Kuriosität. Gar nicht weit vom Anleger entfernt. Fußläufig ist er in Windeseile erreicht.

Ach, der Wind. Der kann ebenfalls seine Reize haben. Etwa wenn man die See beobachtet, wie dort der Wind über die Oberfläche streicht und mal kräuselnde Wellen, mal schäumende Gischt schafft. Oder man kann sich einmal bewusst gegen den Wind stellen. Für sich genommen ein kleiner Glücksmoment. Und dann der Windstein, aus Dolomit vom Künstler Ulrich Lindow geschaffen, steht er da, unverhofft, am Rande der Hallig. Trichterförmige Löcher lugen heraus. Erreichbar für Ohren von Groß und Klein. Durch einen Hohlraum im Stein, in dem sich der Wind fängt, wird eine mystische Klangwelt erzeugt. Also schnell das Ohr an den Stein gepresst und der Melodie des Windes gelauscht. Je nach Windstärke und Richtung erklingt diese immer wieder neu. Und weil es auf Hallig Hooge so gut wie nie windstill ist, kann man sich selbst bei Sonnenschein dem Glück des Hörens hingeben. Dabei die Augen schließen und ganz eins werden mit den geheimnisvollen Klängen im Windstein.

TIPP

Den richtigen „Durchblick“ durch Steine hat man entlang der Strandpromenade in Wyk auf Föhr dank des Künstlers Markus Thiessen.

- Windstein, 25859 Hallig Hooge, www.hooge.de
- Informationen zur Anreise unter www.halligen.de und www.nordseetourismus.de

# Weihnachtsfeeling

## 63 Der Weihnachtsmann in Wyk auf Föhr

Föhr verbindet man sicherlich mit vielem – aber mit Weihnachten? Zumindest nicht gleich beim ersten Gedanken. Obwohl es auf der Insel gerade zu dieser Zeit und um den Jahreswechsel herum sehr geschäftig zugeht. Weihnachten steckt ja auch voller schöner und zuversichtlicher Momente. Der Duft von gebackenen Plätzchen hängt in der Luft. Familie und Freunde kommen zusammen. Erinnerungen an unbeschwerte Kindertage kommen auf. Und auf Föhr könnte man den Eindruck gewinnen, dieses besondere Weihnachtsfeeling lässt sich das ganze Jahr hindurch erleben. Wo das sein soll? Wer die eigene Neugier gar nicht zügeln kann, schaut in den Informationen am Ende dieses Textes nach. Für alle anderen: Wie wäre es mit einer Art Schnitzeljagd? Vergleichbar mit der Suche nach dem Christkind vor der Bescherung.

Die Suche beginnt an der Großen Straße in Wyk. Ob man nun vom Sandwall hinauf zum Glockenturm geht oder den umgekehrten Weg einschlägt, ist eigentlich egal. Der richtige Blick ist wichtig: „Nach den Dächern, Wolken, Schwalben – aufwärtsschauen, allenthalben". So wie beim „Hanns-guck-in-die-Luft" im „Struwwelpeter" von Heinrich Hoffmann (1809–1894) ist das hier aber einmal ausdrücklich erwünscht. Ansonsten würde die Suche erfolglos bleiben. Obwohl, so unscheinbar sollte die Figur auf der Ecke eines Daches in der Einkaufsstraße von Wyk gar nicht sein. Wenn sie denn da ist. Oder genauer gesagt: wenn sie wieder da ist, die Weihnachtsmannfigur. Der letzte Weihnachtsmann soll nämlich mit einem Sturm Richtung Nordpol aufgebrochen sein. Aber ein neuer könnte sich bereits auf den Weg gemacht haben. Ist er vielleicht schon angekommen? Es lohnt sich also, immer mal wieder nachzuschauen. Und falls man ihn hier nicht erblickt, ist das auch kein Grund, allzu enttäuscht zu sein. Denn im Künstlerdorf Oldsum bei „Mariechen", wo sich alles um Wohnen, Mode und Hobby dreht, findet sich sogar eigens ein Weihnachtszimmer, welches das ganze Jahr über geöffnet hat. Weihnachten 7/12/365.

TIPP

Nach dem „Weihnachtsbummel" bei „Mariechen" schmeckt ein Stück Kuchen gegenüber im „Stellys Hüüs", wo sich auch ein Weihnachtsmann versteckt.

- Weihnachtsmann auf dem Dach, Große Straße 36, 25983 Wyk
- ÖPNV: Inselbus Föhr, Haltestelle Wyk Mitte, mit Fußweg (Fahrplan unter www.faehre.de)

# Glück ist Ansichtssache

## 64 Ein Glückssymbol auf Pellworm

In einem Buch über Glücksorte dürfen sie natürlich nicht fehlen: die Glückssymbole. Seit jeher gibt es sie: angefangen vom Kleeblatt über den Glückspilz und den Skarabäus bis hin zum Glückspfennig (oder heißt er inzwischen Glückscent?). Oder auch der Schornsteinfeger, ein mobiles Glückssymbol – übrigens mit einer besonderen Bedeutung für die Vogelwarte auf Hallig Habel, nahe der Hallig Gröde. Die kleinste nordfriesische Hallig, die aus Naturschutzgründen für Touristen nicht begehbar ist, soll an dieser Stelle nicht unerwähnt bleiben. Sie wird ausschließlich von einem Vogelwart bewohnt, der dort über alles wacht. Zweimal im Jahr bekommt er Besuch vom Schornsteinfeger aus Dagebüll, der bei Ebbe hinüberwandert, um im Vogelwarthaus für einen sauber geputzten Schornstein zu sorgen. Und für einen Klönschnack. Der tut dem Vogelwart nach monatelanger Einsamkeit bestimmt gut. Ebenfalls dürfen in der Aufzählung wichtiger Glückssymbole Hufeisen nicht fehlen. Wobei sich die Geister scheiden, wie sich das so verhält mit dem Hufeisen und dem Glück: Hängt man es mit der Öffnung nach oben auf oder nach unten? Wie so oft ist selbst das Glück vor allem eine Sache der Einstellung und der Perspektive, also Ansichtssache: Ist die Öffnung oben, kann sich das Glück im Hufeisen verfangen. Zeigt die Öffnung nach unten, kann das Glück auf all dic Glücklichen fallen, die darunter hergehen.

Zwei besonders erwähnenswerte Exemplare findet man auf Pellworm. Sie sind am Haus von Emmy Jensen angebracht, der allseits bekannten Himmelsmalerin und Geschichtenerzählerin. Mit ihren Geschichten und Bildern bringt sie Pellworm vielen Besucherinnen und Besuchern näher. Und wer sogar einmal das Glück hatte, sie zu Hause in ihrem Atelier besuchen zu können, und danach wieder vor die Türe tritt, hat das Gefühl, dass tatsächlich ein klein wenig Glück vom Hufeisen über der Tür für einen aufgefangen wurde. Denn von der Klugheit und Warmherzigkeit dieser Künstlerin lässt sich vieles in Bezug auf Glück selbst mitnehmen.

● Hufeisen am Haus der Himmelsmalerin, Junkersmitteldeich 3, 25849 Pellworm
● Anfahrt mit dem Fahrrad oder Pkw empfehlenswert
Fahrpläne und weitere Infos unter www.pellworm.de und www.faehre-pellworm.de

3
Aquarelle
Motive von Pellworm
Seidenmalerei

# Es summt und brummt

## 65 Ein BlütenMeer nahe Süderende auf Föhr

Früher wurde er belächelt, Prince Charles, der Prince of Wales. Nicht nur dafür, als ewiger Kronprinz zu gelten, sondern auch für sein Eintreten für Ökologie und Umweltschutz. Damals in den 1980ern, als die wenigsten diese Themen auf dem Schirm hatten. Doch der Prinz bewies in diesen Dingen einen langen Atem. Längst hat sich gezeigt, dass man mit Ökologie durchaus ökonomisch arbeiten kann.
Die Natur dankt es uns, wenn wir ihr Lebensraum zurückgeben. Und so hat man sich auf den Inseln und Halligen schon früh neben dem Tourismus dem Umweltschutz verschrieben. Nicht nur in Bezug auf das Wattenmeer und die Seevögel. Auch kleine Lebewesen sollen mehr Lebensraum finden. Wodurch Glücksorte entstehen, die in vielerlei Hinsicht begeistern. Unter anderem auf Föhr. Beispielsweise bei Süderende. Hier blüht es in allen Farben wild durcheinander. Ein BlütenMeer als gelebter Naturschutz. Es lohnt sich, alles aus der Nähe zu betrachten. Neben Faltern und Bienen findet sich auch eine Vielzahl von Hummeln. Faszinierende Wesen. Sie beglücken uns zwar nicht mit Honig, wie es Bienen tun, aber allein ihren Flug zu beobachten, macht schon happy. Gerade deshalb, weil sich hartnäckig das Hummelparadoxon hält: Diese kleinen pummeligen Geschöpfe sollen nach Gesetzen der Aerodynamik nämlich gar nicht fliegen können – und tun es doch. Was sagt uns das? Nicht nachdenken, einfach machen! Auch wenn irgendetwas angeblich gar nicht funktionieren kann. Was es braucht? Allenfalls einen langen Atem. Und den schaut man sich einfach beim Prinzen ab. Und ist einem dann etwas gelungen, ist man wirklich stolz und glücklich.
PS: Übrigens gibt es inzwischen für den Hummelflug doch eine Erklärung. Das Protein Resilin bildet ein kleines Gelenk im Hummelflügel. Dadurch kann er sich knicken und viel mehr an Gewicht tragen. Aber nicht verunsichern lassen. In uns allen ist noch viel Unerforschtes, das sich entdecken lässt. Im Großen wie im Kleinen.

TIPP

Auch Pellworm blüht auf, u. a. durch das bekannte Narzissenband und die Rosentage im Sommer.

- Ein BlütenMeer nahe Süderende auf Föhr, 25938 Süderende
- ÖPNV: Inselbus Föhr, Haltestelle Süderende, mit Fußweg (Fahrplan unter www.faehre.de)

# Paradies aus Menschenhand

## 66 Der Wriakhörnsee auf Amrum

Amrum – für viele ein Geheimtipp. Gerade in Sachen Zweisamkeit. Wo hat man sonst die Möglichkeit, selbst in der Hochsaison das Alleinsein zu zweit zu genießen? Tagsüber kilometerweit über den Kniepsand wandern, am Strand faulenzen oder ein bisschen baden. Oft fernab von anderen Menschen. Abends dann schnell unter die Dusche und ab ins Getümmel. Mag Letzteres auf Amrum auch etwas übersichtlich sein. Vielleicht ein Dinner beim Italiener – auch den gibt es auf der Insel – und dann? Auf zur Wandelbahn, der Uferpromenade, die sich einmal rund um Wittdün schlängelt. Eventuell ein Absacker in der Strandbar, bevor ein romantischer Abendspaziergang lockt. Dazu einfach auf der Wandelbahn weiter (lust-)wandeln, bis diese in einen Bohlenweg mündet. Jetzt heißt es, immer der Nase nach. Auf dem schmalen Bohlenweg kommt man sich näher. Ganz automatisch. Und dann muss man schon aufpassen, um ihn nicht zu verpassen. Plötzlich liegt er da, wie eine Fata Morgana: der Wriakhörnsee. Einmalig in dieser Sand- und Dünenlandschaft. Ein echtes Landschaftsjuwel.

Der Süßwassersee schmiegt sich in die Natur ein, als ob er schon immer Teil von ihr gewesen wäre. Dabei wurde er erst in den 1970er-Jahren angelegt. So ist durch den See eine Nehrung entstanden, eine schmale Landzunge, die das künstliche Haff aus Süßwasser vom offenen Meer trennt. Und der See selbst? Der ist ein Paradies für eine bunte Tierwelt. Von Bohlenwegen aus darf man Anteil nehmen. Ein Ort, der geradezu zum ungezwungenen Verweilen einlädt. Bänke gibt es genug. Und so kann man den Tag entspannt ausklingen lassen. Vielleicht bei einer mitgebrachten Flasche Wein oder Sekt. Ganz gemütlich und in aller Ruhe. Nur begleitet von den Stimmen der Natur. Ein stimmungsvoller Ausklang eines schönen (Urlaubs-)Tages. Und ein stiller Glücksmoment. Übrigens nicht nur für die Zeit zu zweit.

- Wriakhörnsee, am Ende von Wittdün gelegen zwischen Wandelbahn und Leuchtturm, 25946 Wittdün auf Amrum
- ÖPNV: Inselbus Amrum, Haltestelle Wittdün Badeland, mit Fußweg (Fahrplan unter www.faehre.de)

# Auf Schleichwegen

## 67 Der Karkenstieg auf Pellworm

Pellworm ist das selbst ernannte „Fleckchen Glück". Ein Traum für Radfahrer, wie auch für diejenigen, die gerne per pedes unterwegs sind. Im letzteren Falle kann man eher zufällig – man könnte ebenso sagen durch pures Glück – über einen Glücksort stolpern. Oder besser gesagt in einen Glücksort hineingezogen werden. Dass man einen bestimmten Ort zu einer bestimmten Zeit überhaupt als einen Glücksort wahrnimmt, hat dann vielleicht auch etwas mit der jeweiligen Stimmung zu tun, in der man sich gerade befindet. So kann es einem beim Fußweg etwas südlich der Neuen Kirche auf Pellworm ergehen. Im Winter entdeckt und im Sommer lieben gelernt: Der alte Fußweg für Kirchgänger, als man noch nicht mit dem Auto zum Gottesdienst fuhr. Wohin führt denn dieser Weg? Ist es womöglich ein Geheimpfad? Man wird zumindest neugierig. Und Neugier im positiven Sinne verstanden gilt ja als eine Quelle für Glück und Lebensfreude. Also einen Blick vom Liliencronweg am Margarethenhof in den Karkenstieg gewagt. So heißt dieser Pfad. Weit schauen kann man nicht, denn der Weg macht bald schon eine erste Kurve. Nun gut, dann mal näher nachgesehen und die ersten Schritte hinein ins Grün gewagt, denn der Weg ist von einem schützenden Blätterdach gesäumt. Rechter Hand fühlt man sich beobachtet. Ein paar neugierige Kühe schauen durchs Dickicht. An der ersten Biegung angekommen, stellt man fest, dass nach ein paar Metern gleich die nächste Kurve folgt. Weitergehen oder umkehren? Was für eine Frage. Weiter natürlich. Und plötzlich keine Kurven mehr. Es geht nur noch geradeaus. Der Weg scheint endlos zu sein. Schnurstracks vorbei an Feldern und Wiesen. Freier Himmel hat das schützende Blätterdach mittlerweile abgelöst. Und so läuft man, läuft und läuft. Beinahe hat es etwas Meditatives. Irgendwann geht der Weg in die Straße Seegarden über, um dann etwas später wieder als kleiner Pfad weiterzuführen und schließlich in der Nähe des alten Hafens an sein Ende zu kommen. Dieser Schleichweg ist ein echter Geheimtipp für alle, die Pellworm einmal anders kennenlernen möchten.

**TIPP**
Nach so einer Strecke im Hafen Pub am Alten Hafen von Pellworm einkehren.

● Karkenstieg, zwischen Liliencronweg und In de See gelegen, 25849 Pellworm
● Anfahrt mit dem Fahrrad oder Pkw empfehlenswert
Fahrpläne und weitere Infos unter www.pellworm.de und www.faehre-pellworm.de

# Perspektivenwechsel

68

## Wassersport am Südstrand von Wyk auf Föhr

Was macht eigentlich glücklich? Eine Frage, über die sich schon viele ihre klugen Köpfe zerbrochen haben. Und dabei nicht völlig ohne Antworten geblieben sind. Eine lautet: Sich einer Beschäftigung hingeben, die man gerne tut, macht glücklich. Ebenso Dinge ausprobieren, die für einen selbst neu sind. Es macht happy, wenn man einmal die eigene Komfortzone verlässt. Was dann bei einer Sammlung von Glücksorten natürlich nicht fehlen darf: Ein schönes Fleckchen für Wassersportler. Um es gleich zu sagen: Nein, es ist nichts dagegen einzuwenden, sich am Strand dem Sonnenbad hinzugeben, einfach zu chillen oder über die Promenaden zu flanieren. Aber wie wär's denn, mal richtig den Glücksturbo zu zünden? Selbst dann, wenn man mit Wassersport bislang noch nicht auf Tuchfühlung gegangen ist, lohnt es, einmal darüber nachzudenken. Ob klassisches Segeln, Wind- oder Katamaransurfen, ob Kiten oder auch Stand-up-Paddling, ob mit einem Kitebuggy über Strand und das Watt fliegen oder ein paar Stunden in einem Kajak unterwegs sein – all das und noch viel mehr kann man auf den Inseln und Halligen wunderbar ausprobieren. Natürlich auch auf Föhr, beispielsweise am Südstrand. Durch seine geschützte Lage sind hier die Bedingungen gerade für Einsteiger geradezu ideal. Ein Glücksfall.

TIPP

Ein Abstecher zu Pitschi's, der Strandbar am Südstrand.

Wer erst einmal auf dem Wasser ist, dem eröffnen sich ganz neue Sichtweisen. Man fühlt sich flink wie ein Fisch und frei wie ein Vogel, der Sonne und dem Himmel ganz nahe. Als Anfänger wird man immer mal wieder ins Meer plumpsen. Na und? Sich wieder hochziehen und die Balance halten, das ist es doch, worauf es ankommt. Anstrengend gewiss, aber auch befreiend. Und was macht einen glücklicher, als neue Erfahrungen zu sammeln und das Adrenalin zu spüren, wenn man es dann endlich geschafft hat? Eben! Die Euphorie und die Glückshormone sind unbezahlbar. Und wenn man dann souverän über das Wasser gleitet, wird man sich an den Wahlspruch von Föhr erinnern: an die „Friesische Karibik".

- Wassersport am Südstrand, 25938 Wyk auf Föhr
- ÖPNV: Inselbus Föhr, Haltestelle Gmelinstraße/Südstrand, mit Fußweg (Fahrplan unter www.faehre.de)

# Mystische Vielfalt

## 69 Das Elfenland auf Pellworm

Die Insel Pellworm bietet trotz ihrer kleinen Größe eine große Vielfalt. Die sprichwörtliche eierlegende Wollmilchsau sozusagen, was hier gar nicht despektierlich gemeint, sondern durchaus als ein glücklich machendes Versprechen zu verstehen ist. Es gibt auf Pellworm Hühner, also auch immer frische Eier, viele Schafe mit toller Wolle. Und, da die Landwirtschaft großgeschrieben wird, auch Milch von glücklichen Kühen. Sicher tummeln sich auch einige Schweinchen auf den Bauernhöfen rund um die Insel. Aber nicht nur die Insel selbst, auch ein kleiner Flecken in Westerschütting bietet im Kleinen etwas Vielfältiges. Ein Ort, der einen mystischen Namen trägt und das zurecht: Das Elfenland – Boutique, Café & Lieblingsstücke. Und doch ist es so viel mehr als das, was der Name verspricht – wenn man sich darauf einlässt.
Hier hat sich Andrea Kaune ihr eigenes kleines Inselparadies, pardon Elfenland, erschaffen. Da locken wunderbare selbst gebackene Küchlein im Glas und heiße Friesenwaffeln auf der idyllischen kleinen Terrasse, auf der man sich in den hübschen Vintagemöbeln niederlassen kann. Und bei Schietwedder genießt man Andreas Kaffeespezialitäten und Leckereien einfach in der Café-Ecke im Inneren des Hauses. Wer dann nach einer Stärkung weiter in den kleinen Raum eintaucht, wird noch viel mehr entdecken als einfach ein Café. Eine kleine Boutique mit Kleidung aus Natur- und Wollprodukten lädt zum Herumstöbern ein. Biologische Schafmilchseife und allerlei andere Naturprodukte dürfen da natürlich nicht fehlen. Auch Traumfänger und Klangspiele sind hier zu finden und geben schon die Richtung vor. Denn auch wer die Stille sucht, ist hier im Café genau richtig. Ein Paradoxum? Mitnichten. Hier können die Erholungssuchenden bei Klangmassagen und Meditationen Ruhe und wieder inneres Gleichgewicht finden. Sich aufmachen zu einer schamanischen Trommelreise? Eintauchen in das Handlettering? Das Elfenland ist ein Ort voller Überraschungen, mystischen Erfahrungen und Glück.

● Café Elfenland, Westerschütting 1, 25849 Pellworm, Tel. (0 48 44) 9 90 87 77
www.instagram.com/elfenland-pellworm/
● Anfahrt mit dem Fahrrad oder Pkw empfehlenswert
Fahrpläne und weitere Infos unter www.pellworm.de und www.faehre-pellworm.de

Tücher

# Kaiserlich glücklich

70

## Der Apfelpark in Wrixum auf Föhr

Der Apfel und das Glück – zwei Dinge, die nicht immer zueinanderpassten. Man denke nur an Adam und Eva, denen ein Apfel zum Verhängnis wurde und sie aus dem Paradies vertrieb. Oder an Schneewittchen, das von der bösen Stiefmutter mit einem rot schimmernden Apfel verführt wurde und in einen tiefen Schlaf fiel, weil die Frucht vergiftet war. Zum Glück nur, bis der schöne Prinz sie wachküsste. Schon verlockend so ein Apfel. Und heute mitnichten ein gesundheitliches Risiko. Als alte Obstsorte ist der Apfel im Gegenteil schon seit langer Zeit als überaus gesund bekannt. „An apple a day keeps the doctor away", so ein geläufiges walisisches Sprichwort.

Auch auf den Inseln und Halligen stehen Äpfel hoch im Kurs. Besonders schön ist der Apfelpark in Wrixum auf Föhr. Oft fährt man einfach daran vorbei, ohne ihn wirklich wahrzunehmen. Er liegt direkt an der großen Ausfallstraße nach Oevenum, unweit der Mühle. Es lohnt sich, dort anzuhalten. Ein kleiner Park, liebevoll angelegt. Mit Springbrunnen, Bänken, Strandkorb und ganz vielen Apfelbäumen. Die verschiedenen Sorten werden einem auf Schildern in Form eines Apfels erklärt. Ein idyllisches Fleckchen Erde, das allein dem ehrenamtlichen Engagement der Bürgerinnen und Bürger zu verdanken ist. Und die Bäume? Allesamt gestiftet. Ein Besuch, der sich zu unterschiedlichen Jahreszeiten lohnt. Denn gerade weil die verschiedenen Apfelsorten hinsichtlich der Blüh- und Erntezeiten deutlich voneinander variieren, hält das kleine Apfelparadies immer etwas Neues für das Auge bereit.

Also, einfach vorbeigeschaut und sich zumindest vom Anblick ein wenig verführen lassen. Zumal sich nur wenige hierher verirren. Schade eigentlich, gilt doch der Apfel aufgrund seiner Kugelgestalt auch als Zeichen der Vollkommenheit und als echtes Glückssymbol. Schon früheren Kaisern diente der Reichsapfel als Krönungszeichen. So fühlt man sich hier im Apfelpark geradezu kaiserlich glücklich.

TIPP

Nach einem Abstecher zur Mühle nebenan lohnt ein kulinarischer Besuch des Cafés „Im Apfelgarten" in Oldsum.

- Apfelgarten an der Mühle, 25938 Wrixum
- ÖPNV: Inselbus Föhr, Haltestelle Wrixum Mühle (Fahrplan unter www.faehre.de)

# Hygge auf Friesisch

71

## Die 2te Heimat in Süddorf auf Amrum

„Hygge“ – ein Begriff, der momentan in aller Munde ist. Das Wort Hygge kommt aus dem Dänischen und bedeutet Gemütlichkeit. Aber Hygge ist weit mehr als nur ein Wort. Es ist eine Einstellungssache. Zu sich, zu anderen und zum Leben überhaupt. Eine Einstellung, die auch nach außen hin sichtbar wird. Bei der Gestaltung von Heim und Garten etwa. Für den persönlichen Rückzugsort, die eigene Wohlfühloase. Kein Wunder, dass die Dänen nicht nur in Sachen Wohntrends weit vorne sind, sondern auch im jährlich veröffentlichten „World Happiness Report“ regelmäßig zu den glücklichsten Menschen gezählt werden. Wer auf der Suche nach Inspiration für das eigene Hygge-Feeling ist, wird auf Amrum schnell fündig. Die Insel liegt ja schließlich Luftlinie nur einen Katzensprung von Dänemark entfernt. Schöne Dinge für seine 1te Heimat findet man ein wenig versteckt in Süddorf. Auf dem Weg zum Strand am Sösarper Strunwai liegt – was für ein passender Name – die „2te Heimat“.

Hier, in dem Geschäft von Conny Lange, schlägt das Dekoherz höher. Dies und das für drinnen und draußen. Ein Paradies zum Herumstöbern, sowohl im als auch ums Geschäft herum. Allein das macht schon glücklich. Erst recht, wenn man überhaupt nicht auf der Suche nach etwas Bestimmtem ist. Sich einfach ein wenig treiben lassen. Also keine Hektik, sondern entspannendes Schnöseln. Das ist hier Programm. Und dann entdeckt man womöglich mit einem Mal etwas, das man so gar nicht erwartet hat. Unverhofftes Glück.

Doch zurück zu Hygge als Lebenseinstellung: Conny Lange lebt das selbst. Der Laden ist nämlich „auf, wenn auf“. Nicht täglich und dann nur für ein paar Stunden. Schlimm? Keineswegs! Stimmig? Auf jeden Fall!

- 2te Heimat, Sösarper Strunwai 2, 25946 Süddorf, Tel. (0 15 11) 27 48 46 2
www.2te Heimat.net
- ÖPNV: Inselbus Amrum, Haltestelle Nebel Süddorf
(Fahrplan unter www.faehre.de)

# Fliederblüte

## 72 Auf Hallig Nordstrandischmoor

Nordstrandischmoor ist die jüngste unter den Halligen. Sie entstand im Jahre 1634, als die gesamte damalige Insel Strand in der verheerenden Burchardiflut versank. Übrig blieben nur noch Teile von ihr, wie eben Nordstrandischmoor oder Pellworm. Wie es sich aber für eine jugendliche Hallig gehört, ist sie diejenige, die sich im Laufe der Jahrhunderte am meisten veränderte. Früher auch Lüttmoor – kleines Moor – genannt, diente sie ehemals dem Torfabbau. Heute hat sie sich für ihre vielen Gäste herausgeputzt, die bei einer Wattwanderung, mit dem Schiff oder als Übernachtungsgäste mit der Lore auf die Hallig kommen.

Besonders fällt einem das im Sommer auf. Zwar nur für einen vergleichsweise kurzen Zeitraum, doch das ist unter Glücksgesichtspunkten eher nebensächlich: Glück währt ja nicht ewig, sondern lässt sich immer wieder neu entdecken. In diesem Falle sogar alljährlich. Da die Hallig Nordstrandischmoor mit zu den am häufigsten überfluteten Halligen gehört, ist sie umgeben von vielen Salzwiesen. Renaturierte Gebiete, die für diese Bereiche der Nordsee typisch sind und unter Naturschutz stehen. Dem Halligflieder bieten sie beste Bedingungen. Und uns eine Augenweide, wenn sich im Sommer seine Blütenpracht in Blau-Lila entfaltet. Dabei handelt es sich genau genommen gar nicht um ein echtes Fliedergewächs. Doch er ähnelt diesem in seiner Farbe. Früher oft und gern zum Herstellen von Trockensträußen genutzt, ist das Pflücken der bis zu 30 Zentimeter hohen Pflanzen heute strengstens untersagt.

Ebenfalls erwähnenswert ist, dass der Halligflieder wie viele Lebewesen im Watt ein echter Überlebenskünstler ist, was einem grade in Sachen Glück ganz nebenbei noch eine weitere Lektion mit auf den Weg gibt: Während Salzwasser mit der Zeit so ziemlich alles zersetzt, was mit ihm in Berührung kommt, wird dieses Pflänzchen mit ihm spielend fertig. Und so gibt man sich nicht nur der Farbenpracht hin, sondern behält zugleich im Hinterkopf: Auch widrige Umstände müssen einen nicht davon abhalten, aufzublühen.

TIPP

Die Blütezeit des Halligflieders ist mit einem blauen Fliederzeichen auf den Fahrplänen der Ausflugsschiffe vermerkt.

- 25859 Hallig Nordstrandischmoor, www.hallig-nordstrandischmoor.de
- Informationen zur Anreise unter www.halligen.de und www.nordseetourismus.de

# Im Wechsel der Gezeiten

## 73 „Zum glücklichen Matthias" in Wyk auf Föhr

Wenn man auf Föhr auf den Spuren des Glücks unterwegs ist, kommt man an einer Person schon deshalb nicht vorbei, weil sie es selbst im Namen trägt. Gemeint ist der glückliche Matthias, Namensgeber des gleichnamigen Restaurants. Aber wer war das eigentlich und warum war er glücklich?

Matthias Petersen (1632–1706) stammte aus Oldsum und war ein legendärer Kapitän und Walfänger seiner Zeit. Seinen Beinamen „Der Glückliche" erhielt er, weil er beim Walfang ein überaus glückliches Händchen bewies. Das brachte ihm viel Geld und nicht minder viel Ruhm. Ein Selfmade-Man, wie man heute vielleicht sagen würde. Ein Macher, der mit Fleiß und Mut sein Glück gefunden hat. Und in dieser Hinsicht vielleicht sogar ein Vorbild sein kann, selbst wenn man sein Metier heute nur schwerlich mit Glück verbindet. Eine Tätigkeit, die nur aus der Zeit heraus zu verstehen ist. Der Walfang war für die Insulaner schlichtweg überlebensnotwendig. Und zeigt: Selbst das Glück unterliegt dem Wandel. Wozu eine kleine Anekdote am Rande passt: Der amerikanische Autor und Umwelt- sowie Naturschützer Peter Matthiessen (1927–2014) soll ein Nachfahre vom glücklichen Matthias gewesen sein.

Matthias Petersen übrigens hat seine letzte Ruhestätte auf dem Friedhof St. Laurentii in Süderende gefunden, wo einer der legendären „sprechenden" Grabsteine seine Lebensgeschichte aufzeigt.

Und wer kulinarisch auf dessen Spuren wandeln möchte, kehrt ein in das Restaurant „Zum glücklichen Matthias" in Wyk nahe der Strandpromenade. Fast ganzjährig geöffnet, begegnet man der Legende dort auf Schritt und Tritt, wenn man sich in den urigen und maritim gestalteten Räumen umsieht. Auf der Speisekarte stehen natürlich insbesondere Fischspezialitäten. Wie könnte es auch anders sein?

- „Zum glücklichen Matthias", Feldstraße 2, 25983 Wyk, Tel. (0 46 81) 50 18 22 www.zgm-foehr.de
- ÖPNV: Inselbus Föhr, Haltestelle Wyk Mitte oder Wyk Friesenmuseum, mit Fußweg (Fahrplan unter www.faehre.de)

Zum glücklichen
Matthias

# Schönheit mit Her(t)z

## 74 Die Sonnenanbeterin in Wittdün auf Amrum

Wer auf dem Weg ins AmrumBadeland ist, dem Wellenbad und Spa in Wittdün, um sich dort auszutoben oder beautymäßig verwöhnen zu lassen, kommt an ihr nicht vorbei. Und doch wird sie oft links liegen gelassen: die Sonnenanbeterin. Eine kleine Bronzefigur auf einem Stein in der Mitte eines Brunnens sitzend. Ihre Arme hat sie unter den Knien verschränkt, das Gesicht mit geschlossenen Augen der Sonne entgegengestreckt. Ihrem friedlichen, glücklichen, in sich ruhenden Gesichtsausdruck kann man sich einfach nicht entziehen. Selbst wenn „Schietwedder" zum Norden einfach dazugehört und es gern einmal knackekalt sein darf – gegen ein paar wärmende Sonnenstrahlen hat niemand etwas einzuwenden. Egal, ob im Sommer mit einer Eistüte oder im Winter, eingemummelt in einer Decke auf einem Fell sitzend mit einem Pharisäer in der Hand. Genüsslich das Gesicht der Sonne entgegengestreckt. Ach, Sonne tanken. Ja, auch das ist typisch Norden!

Dass die Figur gerade an dieser Stelle sitzt, ist übrigens glücklichen Umständen zu verdanken. Genauer, einer Künstlerin mit einem Herz für Amrum. Karin Hertz (1921–2017), eine Bildhauerin, war der Insel seit 1968 aufs Engste verbunden. Heute würde man sie als Kosmopolitin bezeichnen. Ihr Leben führte sie von Hamburg in den Süden Deutschlands, dann nach Schlesien und über den Harz schließlich wieder zurück zu ihren Wurzeln im Norden, nach Hamburg und Möltenort bei Kiel. Aber auch das weit entfernte Japan zählt zu den inspirierenden Stationen ihres Lebens. Mit Amrum und ihren Menschen verband sie eine besondere Liebe. Davon zeugen auf der Insel gleich mehrere Kunstwerke. Vielleicht hat Karin Hertz wie ihre Sonnenanbeterin hier oft am Strand gesessen und ihr Gesicht gen Himmel gestreckt, um die Sonnenstrahlen einzufangen. Vielleicht mit einem neuen Projekt im Sinn. Ihr Lebensglück nahm sie im wahrsten Sinne bei der Erschaffung ihrer Skulpturen in die eigenen Hände. Machen wir es wie Karin Hertz und ihre Sonnenanbeterin: Genießen wir jeden Sonnenstrahl des Lebens.

TIPP

Weitere Werke von Karin Hertz finden sich auf Amrum an der AmrumTouristik, am Haus Störtebecker und am Hotel Pidder Lyng in Norddorf.

- Brunnen am Badeland, Am Schwimmbad 1, 25946 Wittdün auf Amrum
- ÖPNV: Inselbus Amrum, Haltestelle Wittdün Badeland (Fahrplan unter www.faehre.de)

# Hin da, statt Tinder!

## 75 In der Liebesallee auf Pellworm

Was für ein Name! Liebesallee! Na, da sind die Erwartungen natürlich entsprechend hoch. Ein Ort zum glücklich werden? Mal nachsehen. Wer in Ostersiel die Liebesallee entlangschlendert, könnte meinen, in eine Sackgasse geraten zu sein, was mit Bezug auf diesen Straßennamen doch merkwürdig wäre und aufhorchen lassen würde. Aber wie sich noch zeigen wird, ist es gar keine wirkliche Sackgasse. Durchgangsverkehr gibt es aber auch nicht. Es geht jedoch beschaulich zu. Ein schmuckes Sträßchen mit hübschen Häusern und so manchen idyllischen Gärten. In vielen Häusern finden sich heute Ferienwohnungen, die, kaum verwunderlich bei dieser Adresse, regen Zuspruch finden. Der Name Liebesallee soll einer Überlieferung nach übrigens auf einen ehemaligen Bewohner, Chrischen Eck (Petersen), zurückgehen. In einem kleinen Büchlein von Hans-Jürgen Borchard über Ortsnamen auf Pellworm ist von ihm überliefert: „Winn twe junge Lüd von eene Enne no der anner Enne op unsre Stroot spazeern, kammt se as verleefte Poor weller rut“. Na dann …

Wer die eigene Liebe noch besiegeln möchte, dem bietet sich ganz am Ende der Allee eine Möglichkeit. Wie weltweit an vielen Geländern hängen hier Liebesschlösser. Gut, es sind noch nicht ganz so viele wie auf der Hohenzollernbrücke in Köln. Dort sind es mittlerweile nicht weniger als 300.000, was sich zu einer echten Touristenattraktion entwickelt und der Brücke selbst sogar den Namen Liebesschlossbrücke eingebracht hat. Auf Pellworm geht's ein paar Nummern kleiner.

Muss man selbst ein Schloss aufhängen und den Schlüssel dann fortwerfen? Nein. Natürlich nicht. Ebenso glücklich kann es machen, einfach mit seinem oder seiner Liebsten die vorhandenen bunten Schlösser zu betrachten. Und das Glück des Augenblicks genießen, in dem Wissen, selbst eng verbunden zu sein, um dann gemeinsam weiterzuschlendern. Zum Beispiel die Treppen hinauf auf den Deich. Denn die Liebesallee ist ja, wie gesagt, keine Sackgasse.

● Liebesallee, 25849 Pellworm
● Anfahrt mit dem Fahrrad oder Pkw empfehlenswert
Fahrpläne und weitere Infos unter www.pellworm.de und www.faehre-pellworm.de

# Glücksenergie

## 76 Verteilerkasten bei Großdunsum auf Föhr

Zumeist sind sie völlig unscheinbar. Graue Kästen, die im Straßenbild bestenfalls nicht auffallen. Wovon die Rede ist? Gemeint sind Strom- und Verteilerkästen. Wichtig für unseren Alltag, keine Frage. Aber wirklich schön anzusehen, sind sie meist nicht. Im Gegenteil: Gerade in Großstädten sind viele davon mitunter sogar recht unansehnlich. Muss das so sein? Eine Frage, die man sich verschiedentlich gestellt und auf die man Antworten gefunden hat. Bunt statt grau, so lautet die Devise. Landauf, landab findet man inzwischen innerorts und außerhalb vieler Ortschaften zunehmend hübsche und teils fantasievoll gestaltete Exemplare.

Auch auf Föhr hat man zu Pinsel und Farbe oder besser zur Spraydose gegriffen. Und das nicht nur einmal. Ein besonderes Exemplar steht am Ortseingang von Großdunsum. Dort präsentiert sich ein Stromkasten als echter Hingucker. Sind sie nicht toll, die roten Rosen? Sie blühen nicht nur im Sommer, sondern erfreuen zu allen Zeiten, selbst bei Sturm und Schnee. Manchmal eher im Schatten gelegen, strahlen sie ein anderes Mal im hellsten Sonnenschein.

Die Rose – unzählige Male beschrieben und besungen –gilt als die unangefochtene Königin der Blumen. Wer hier mit dem Fahrrad unterwegs ist oder mit dem Autor vorbeifährt, kann ganz nebenbei ein bisschen Inspiration zum Glück selbst bekommen. Denn Glück, so beginnt ein arabisches Sprichwort, besteht in der Kunst, sich nicht darüber zu ärgern, dass der Rosenstrauch Dornen trägt, sondern sich zu freuen, dass der Dornenstrauch Rosen trägt. Ein bemalter Verteilerkasten verheißt dann wohl gleich ein doppeltes Glück: Zum einen tragen diese Rosen keine Dornen, an denen man sich verletzen könnte. Zum anderen kann man beim Anblick dieser außergewöhnlichen Verteilerstation eine Ladung Glücksenergie tanken.

TIPP

Insel-Sightseeing in einem liebevoll restaurierten VW Käfer mit Elektroantrieb (Infos: WKF Westküstenflug GmbH).

- Verteilerkasten bei Großdunsum, Dunsem Stich, 25938 Großdunsum
- ÖPNV: Inselbus Föhr, Haltestelle Kleindunsum, mit Fußweg (Fahrplan unter www.faehre.de)

Großdunsum
STST 419829

# Route 66 auf Friesisch

## 77 Unterwegs zur Hamburger Hallig

Man könnte sich dazu eine Frage bei Günter Jauchs „Wer wird Millionär?“ vorstellen: Welche Hallig gibt es? Bremerhavener Hallig, Kieler Hallig, Hamburger Hallig oder Lübecker Hallig? Richtig ist tatsächlich Hamburger Hallig. Eine der eher unbekannteren Halligen, zumal man sich fragt: Ist es überhaupt eine Hallig oder vielmehr eine Halbinsel? Und warum Hamburger Hallig? Knifflige Fragen: Es lohnt sich aber, die zu lösen. Spätestens bei einem Tagesausflug auf diese Hallig weiß man, wirklich etwas Besonderes besucht zu haben.

Zunächst zum Namen: Die Hamburger Hallig heißt nicht etwa so, weil sie in der Nähe von Hamburg liegt. Sie wurde vielmehr im 17. Jahrhundert von den beiden Hamburger Brüdern Amsinck erworben. Ursprünglich war sie einmal ein Teil der Insel Strand. Durch Sturmfluten, vor allem durch die Burchardiflut, wurden Teile vom Land getrennt. So ist auch die Hamburger Hallig entstanden. Erst über einen Damm wurde sie dann wieder mit dem Festland verbunden. Aber eine solche Verbindung macht aus einer Hallig noch keine Halbinsel. Geblieben ist also eine Hallig, die, wie es sich für eine Hallig gehört, bei Hochwasser auch überschwemmt werden kann.

So weit, so gut. Auf geht's zur Hamburger Hallig. Man hat die Qual der Wahl, wenn man am Sönke-Nissen-Koog angekommen ist. Wie geht es weiter? Zu Fuß, mit dem Fahrrad oder mit dem Auto? Letzteres geht auch, ist aber kostenpflichtig. Doch egal wofür man sich entscheidet: Hat man erst einmal die Krone des Deichs erreicht und den Blick Richtung Hamburger Hallig gerichtet, kommt einem vielleicht der Song der Band Talking Heads von 1985 in den Sinn: „Road to nowhere“. Denn es tut sich vor den Füßen ein schnurgerader Weg auf. Geht es hier wirklich ins Nirgendwo? Natürlich nicht! Einfach ausprobieren. Let's go, hinein in ein ganz spezielles Glücksvergnügen auf der Route 66 auf Friesisch. Aber aufgepasst: Die vielen Schafe rechts und links des Highways haben hier auf jeden Fall „Vorfahrt“.

- 25859 Hamburger Hallig; Startpunkt: Amsinck Haus, Sönke-Nissen-Koog 36a, 25821 Reußenköge, Tel. (0 46 71) 92 71 54, www.amsinck-haus.de
- ÖPNV: ab Bredstedt Bahnhof Bus 1028, Haltestelle Sönke-Nissen-Koog/ Alte Schule Reußenköge, mit Fußweg (Informationen zur Anreise unter www.halligen.de und www.nordseetourismus.de)

# Anarchie light

78

## Die Strandburgen auf Amrum

Sie sind bunt. Sie sind auffällig. Und sie sind für die Inseln und Halligen einmalig: die Strandburgen oder Strandhütten von Amrum. Wer sich beispielsweise von Wittdün zu einem ausgedehnten Strandspaziergang Richtung Nebel aufmacht, wird irgendwann auf sie aufmerksam. Vielleicht! Denn wie auf einem Präsentierteller befinden sie sich nicht. Eher etwas abgelegen zwischen den Dünen. Ein paar seltsame Behausungen aus allerlei angetriebenem Strandgut zusammengewerkelt: die Strandburgen. Sie wurden mit viel Liebe zum Detail geschaffen, wie man sofort merkt. Anders als man vielleicht vermutet, sind sie gar nicht mal das Ergebnis der jüngsten Vergangenheit, sondern stehen in einer langen Tradition. Von offizieller Stelle stets ein wenig argwöhnisch beäugt. Baugenehmigung? Fehlanzeige. Aber als touristische Attraktion geduldet.

Eine der ältesten und bekanntesten „Ur-Burgen" errichtete der Berliner Künstler und zeitweilige Wahl-Amrumer Otfried „Pan-scho" Schwarz. „Otti's Strandburg" – selbst ein Kunstwerk – wurde zu einem beliebten Treff für Künstler, Partygänger und Touristen. Und wurde in ihrer Urform sogar schon für museumsreif befunden. Nach und nach entstanden weitere Hütten. Und sie verschwanden wieder, wenn die Naturgewalten zuschlugen. Ganz so wie das legendäre „Rungholt". Auch wenn sie durchaus in unsere heutige quirlige Zeit passen, wirken die Burgen doch zugleich ein bisschen wie Relikte vergangener Tage. Allein schon deshalb, weil sich heute gar nicht mehr so viel brauchbares Strand-gut findet. Der lästige Müll dominiert. Leider.

„Panschos" Burg wurde 2017 durch die heftigen Winterstürme zerstört und nicht mehr aufgebaut. Andere aber sind noch da und oftmals ganz verlassen. Aber kein Problem: Eintreten, sich umschauen und wohlfühlen ist nicht nur erlaubt, sondern erwünscht. Irgendwo finden sich bestimmt auch ein Stift und das Hüttenbuch, das dazu einlädt, sich mit ein paar Zeilen zu verewigen. Ein passender Spruch? Wie wäre es mit einem zum Thema Glück?

**TIPP**

Die „Aktion sauberer Kniepsand". Sammeltaschen aus 100 % recyclebarem Material gibt es in der Amrum Touristik.

- Strandabgang beim Leuchtturm, 25946 Amrum
- ÖPNV: Inselbus Amrum, Haltestelle Nebel Leuchtturm, mit Fußweg (Fahrplan unter www.faehre.de)

# Natürlich dunkel

## 79 Der Sternenhimmel über Pellworm

Sterne und Glück haben bereits sprichwörtlich viel miteinander zu tun. Und das nicht nur allein deshalb, weil das Glück ja bekanntlich in den Sternen stehen soll. Selbst wenn man bei diesem Spruch doch ein bisschen ins Grübeln kommt, ob das denn wirklich so stimmt. Aber wie dem auch sei: Ein Blick in den Sternenhimmel macht richtig glücklich. Wenn er denn gelingt. Doch dafür stehen die Sterne auf Pellworm tatsächlich gut. Zum einen, weil die Insel ohnehin dünn besiedelt ist, weshalb hier eben viel günstigere Lichtverhältnisse anzutreffen sind als in einer Stadt. Zum anderen, weil sich die Gemeinde Pellworm offiziell verpflichtet hat, mit der eigenen Beleuchtung möglichst sparsam umzugehen, um damit der Lichtverschmutzung entgegenzuwirken. Seit August 2021 ist Pellworm jetzt (zusammen mit der Insel Spiekeroog) sogar von der International Dark-Sky Association (IDA) aus Tucson, USA, als Sterneninsel anerkannt. Kein Wunder: Auf Pellworm kann es nämlich wirklich richtig dunkel werden. So dunkel, wie man es andernorts längst nicht mehr kennt. Beste Voraussetzungen für eine Sternenbeobachtung. Vor allem im Frühjahr, Herbst und Winter.

Nun muss man nur noch einen geeigneten Platz finden. Davon gibt es auf Pellworm einige. Beispielsweise der Abenteuerspielplatz Kaydeich. Dort ist sogar eine „Sternengucker-Bank" mit Platz für die ganze Familie geplant. Dann die Augen an die Dunkelheit gewöhnen lassen. Das dauert seine Zeit. Alle Taschenlampen und Handys bleiben aus. Jetzt heißt es nur noch zurücklehnen, schauen und genießen. Vielleicht wird die Geduld sogar mit einem Blick auf die Milchstraße belohnt. Und wer noch immer nicht davon überzeugt ist, dass das Glück in den Sternen steht, dem bleibt das Wort von Heinrich Heine: „In uns selbst liegen die Sterne unseres Glücks".

TIPP

Unterm Sternenfirmament (und an elf weiteren außergewöhnlichen Orten) kann man auf Pellworm auch heiraten (www.hochzeiten-pellworm.de).

- Abenteuerspielplatz Kaydeich, 25849 Pellworm
- Anfahrt mit dem Fahrrad oder Pkw empfehlenswert

Fahrpläne und weitere Infos unter www.pellworm.de und www.faehre-pellworm.de

# Meditativer Ausklang

80

## Bei Hauke Nissen in Oldsum auf Föhr

Möglichkeiten, sich dem Glück zu nähern, gibt es unzählig viele. Wer dazu auf die Inseln und Halligen fährt, tut dies oft, um die Ruhe zu genießen. Weit weg von der Hektik und dem Lärm der Stadt. Aber ist es tatsächlich die Ruhe, die man sucht? Wer der Natur wirklich lauscht, wird feststellen: Still ist es nicht. Ganz im Gegenteil: das Rauschen der See, das Pfeifen des Windes, das Rascheln der Blätter, das Knacken von Zweigen und dazwischen immer wieder allerlei Vogelstimmen. Wer genau hinhört, wird erstaunlich viel bemerken. Und im nächsten Moment ist alles schon wieder anders. Eine Symphonie aus lauter Naturklängen. Natur und Musik – die Naturklänge Föhrs mit Instrumentalmusik zu verweben, das ist die Kunst von Hauke Nissen. Hier auf seiner persönlichen Insel des Friedens, lebt und arbeitet der gebürtige Insulaner in dem kleinen Dorf Oldsum. Und dort kann man ihn auch besuchen.

TIPP

Eins sein mit der Natur kann man auch mit den Gezeitensteinen von Christine Schmidt aus Oevenum.

Seine Musik? Stets ruhig und meditativ. Keine ausgeklügelten Kompositionen nach Noten. Partituren gibt es nicht. Alles entsteht im Fluss freier Improvisation. Neben den selbst eingefangenen Naturklängen kommen die unterschiedlichsten Instrumente zum Einsatz. Mal klassische Musikinstrumente, wie Flöten und Klavier, mal Klangkreationen, wie er sie nennt. Wie sich am Ende alles zusammenfügt, ist nicht vorhersehbar. Und daher auch für Hauke Nissen selbst immer wieder überraschend.

In dem kleinen Laden „Art & Weise" von Hauke Nissen und seiner Frau Annette wird man sogleich eingefangen von diesen Klangsphären. Ganz wie es zu seiner Musik und ihm selbst passt, völlig unaufdringlich und dezent. Wer mag, macht es sich in einer Sitzecke gemütlich, hört vielleicht in eine seiner CDs hinein und stöbert dabei in den Büchern, die zur Auswahl stehen.

Und steht man irgendwann selbst womöglich ein bisschen wehmütig nach einem Urlaub an der Reling, klingt vielleicht noch der Sound der Insel nach, der einen nicht nur nach Hause begleitet, sondern auch den Wunsch weckt, bald wiederzukommen.

- Art & Weise, Hauke und Annette Nissen, Haus 56, 25938 Oldsum auf Föhr, Tel. (0 46 83) 10 10, www.haukenissen.de
- ÖPNV: Inselbus Föhr, Haltestelle Oldsum Süd, mit Fußweg (Fahrplan unter www.faehre.de)

**Bibliografische Informationen der Deutschen Nationalbibliothek**
Die Deutsche Nationalbibliothek verzeichnet diese Publikation in der Deutschen Nationalbibliografie; detaillierte bibliografische Daten sind im Internet über http://dnb.d-nb.de abrufbar.


**2. Auflage 2022**
**Konzeption/Satz:** Droste Verlag, Düsseldorf
**Einbandgestaltung und Illustrationen:** Britta Rungwerth, Düsseldorf, unter Verwendung von Bildern von © Fotolia.com: jd - photodesign.de; © iStock: Plociennik Robert
**Fotos: André Niedostadek, außer:**
S. 85, 129: Margret Dehnelt; S. 145: Anna Kaune; S. 165: Andreas Hänel

FSC
www.fsc.org
MIX
Papier aus verantwortungsvollen Quellen
FSC® C011279

**Druck und Bindung:** LUC GmbH, Greven
**ISBN 978-3-7700-2264-9**

**www.droste-verlag.de**